歷史文獻論壇

《历史文献论坛》编委会 编

第三辑

白化文敬题

國家圖書館出版社

图书在版编目（CIP）数据

历史文献论坛·第三辑/《历史文献论坛》编委会编．—北京：国家图书馆出版社，2018.8

ISBN 978-7-5013-6557-9

Ⅰ.①历…　Ⅱ.①历…　Ⅲ.①古籍研究—文集　Ⅳ.①G256.2-53

中国版本图书馆 CIP 数据核字（2018）第 202455 号

书　　名　历史文献论坛·第三辑

著　　者　《历史文献论坛》编委会　编

责任编辑　潘肖蔷　廖生训

封面设计　李尘工作室

出　　版　国家图书馆出版社（北京市西城区文津街 7 号　100034）

010-66114536　63802249　nlcpress@nlc.cn（邮购）

网　　址　www.nlcpress.com

印　　装　河北三河弘翰印务有限公司

版　　次　2018 年 8 月第 1 版　2018 年 8 月第 1 次印刷

开　　本　787×1092（毫米）　1/16

印　　张　11

字　　数　200 千字

书　　号　ISBN 978-7-5013-6557-9

定　　价　39.00 元

《历史文献论坛》编委会

卷首语

吴　格

新年新气象，新年新愿景。

《历史文献论坛》的创办，为从事古籍整理的图书馆员、从事古籍出版的编辑人员，以及与传统文化典籍研究相关的各界人士，提供了一个获取信息、交流经验、展示成果的新平台。同行切磋，夙所期盼，跨行交流，更属难得，特致庆贺，并贡芜言。

2007年以来国家古籍保护中心实施的“中华古籍保护计划”，为图书馆古籍工作提供了有力支持，借助图书馆与出版社的合作，已完成部分成果。

2011年中央“推动文化大发展大繁荣”的决定，对今后的古籍整理及古籍出版工作，相信会带来更大支持，催生更多成果。

图书馆的古籍整理与出版社的古籍出版，存在互相依赖、互相支持的关系，其交集点主要在古籍影印方面，涉及选题拟目、书目调查、版本考订、底本选择、书品比较、残本配补、数据辑集、文字释读、说明撰写、索引编制等活动，通常不易引人重视。图书馆员及出版社编辑从事于此，责任甚重，要求綦严，务须慎之又慎。近年来，图书馆与出版社新旧交替，从业人员数量增加，学历程度提高，专业素质改善，发展前景可喜。但要达成图书馆收藏承前启后、出版社图书信今传后的目标，差距仍然存在，人才仍觉不足，有待继续努力。

现代图书馆在中国已有百年以上历史，新中国图书馆事业也已岁逾甲子。承担文献收集、保存、流通、利用等使命的图书馆，在历代传承的古代文献由私藏向公藏转型后，肩负着现存绝大部分中国古籍的保藏及整理任务。目前，各馆古籍庋存的“硬件”设施，均已大为改善；古籍修复的设备及人员，也已增加投入与培训；古籍的编目整理，近年因开展“古籍普查”“珍贵名录评选”等活动，已逐步形成队伍;古籍的流通利用,则因风气转变,观念更新,服务质量,多有提高。古籍影印事业,随之发展迅速。

在古籍整理出版领域,近三十年来最骄人的成果,当推古籍影印事业的长足发展。保守估计,利用现代影印技术,存世古籍获影印出版者,数量已达三万种以上。前人复制文献所使用的传抄翻刻、影抄影刻等手段,较之现代影印技术的仿真复制、迅速普及,不免相形见绌。古籍影印的长处,不仅见于对单种文献的复制,可使稀见文献化身千百,变稀见为常见;又因其具有聚集同类文献的功能,能综合利用各馆分藏的文献,变散见为汇编。中国古代文献虽号称汗牛充栋,毕竟已随时代而静止,利用图书馆的古籍整理成果,依靠出版社的组织策划,编纂各类型丛书付诸影印,再由各图书馆订购储存,丰富馆藏,既利文献传播,又利文献保存,堪称有功当代、惠及后世。

古籍影印事业的发展,呼唤图书馆与出版社的深度合作。图书馆的古籍馆藏及整理成果,是古籍影印工作得以继续的保障。图书馆员与出版社编辑的有效合作,则关乎古籍影印工作的成败。今后阶段,除各馆珍稀古籍的重点影印外,利用各馆馆藏共同参与影印的项目将会增加。出版社在选题策划、底本挑选、影印加工、出版发行等方面,既要考虑其自身经营的需求,又须密切关注图书馆古籍工作的现状及动态,与图书馆建立良性互动。笔者服务图书馆有年,在馆言馆,兹略述对图书馆古籍整理的意见,供图书馆及出版界同行参考。

图书馆古籍整理的瓶颈,在馆藏古籍资源未获全面、准确的揭示。图书馆收藏古籍已有不短的历史,但反映各馆古籍资源的书目建设,仍存在诸多空白。就目前国内各级各类型图书馆的收藏而言,收罗完备、著录准确、体例精整的馆藏书目或联合书目,成果仍嫌不足。

所谓收罗完备,即各馆古籍书目不仅应反映馆藏善本及特藏文献,还应反映善本、特藏文献以外的其他古籍收藏,现存民国以前历代抄写刻印的各类古籍文献,均应进入古籍普查及编目的视野。古籍的著者断限为清末,版本时代略为下延,距今已及百年,断代编目，正当其时。当前推进的"中华古籍保护计划"以古籍普查为基础，古籍书目建设即可以古籍普查为契机。

随着信息技术的发展，利用数据库平台联合编目，附录书影，形成详尽无遗的现存中国古籍总书目数据库，才能为古籍利用及影印，提供采集、甄别古籍信息的保障。机遇当前，亟应把握。

所谓著录准确，即古籍编目应遵循统一的著录标准。目前实施的《古籍著录规则》，乃经古今文献学者长期实践而形成。著录规则的严格遵循并实施，既是编纂古籍书目的必需步骤，也是评估编目质量的必备指标，更是造就古籍专业人才的必由途径。经验证明，一部著录准确的馆藏书目，须经数代图书馆员长期积累、反复打磨，始克完成。图书馆员由外行成长为内行，舍古籍编目实践，别无其他门径。而将各家馆藏书目汇编为大型联合目录，更可为图书馆界造就一批古籍编目专家。

所谓体例精整，即已经规范著录的古籍信息，尚须周密设计，精心组织，严格编次，贯彻始终，才能形成合格的馆藏书目或联合书目。古籍书目有其自身的分类体系及编排规则，利用普查成果，汇聚书目数据，辨章学术，考镜源流，分合调整，精益求精，古籍编目及版本考订之学，均可由此而进步。图书馆古籍整理专业的发展前景，亦即包含其中。

中国古籍的撰著传播、收藏利用，历史悠久，遗产丰厚，举世无匹，引人自豪。图书馆员及出版社人士，守先待后，职责神圣。编目整理，影印出版，加强合作，事关长远，有志之士，责无旁贷。

目　录

·编辑手记·

·出版动态·

·古籍保护·

四川省甘孜藏族自治州图书馆藏文文献的传承和保护

曲　珍

图书馆是搜集、整理、保藏和传递知识文献信息的社会文化教育机构。对于地方图书馆来说，地方文献资源建设是其工作重心，文献资源建设在地方文化建设中占据着重要的位置。甘孜藏族自治州是以藏族为主，多民族聚居的地区，文化底蕴厚重，是康巴文化的发祥地。传承和保护本地文献，尤其藏文文献极具重要意义。甘孜藏族自治州图书馆作为本州公共图书馆，对藏文文献的搜集、整理、保护、推广起着重要作用。

一、甘孜藏族自治州图书馆现存藏文文献

根据现有史料记载，藏文文献至少有1500余年的历史。在这漫长的历史进程中，一代又一代藏族学者付出艰辛努力，著书立说，翻译注释，留下了浩如烟海的经典文献著作，为藏民族文化的发展做出了巨大贡献。搜集、整理藏文经典文献，对促进文化传承、联结民族情感、弘扬民族精神、促进社会稳定具有十分重要的作用。甘孜藏族自治州图书馆为了更好地保藏和传递藏文化，在无专项经费投入的情况下，多渠道自筹资金，加大了藏文文献搜集、整理的力度，已取得初步成效，主要有以下几个方面：

（一）藏文古籍文献

1. 大藏经类：

苯教《大藏经》1套

影印《甘珠尔》103函

精印《甘珠尔》133册

2. 般若类经典：

《般若十万颂》12 函

金汁抄本《般若八千颂》1 函

银汁抄本《般若二万颂》1 函

《十万颂般若经》古版 12 函

3. 文集类：

《噶陀司徒班钦文集》7 册

《贡珠文集》全套共 20 册

《伯东班钦全集》96 册

4. 其他：

《格萨尔王传》57 函

《寺庙乐谱》1 函

《龙萨宁波》12 函

《藏医药孤本精选》1 册

《藏族史迹》90 册

《满汉蒙藏合璧大藏全咒》8 册

《喀尔喀唐赤多吉文集》2 册

藏文古籍文献共计收藏 1568 函。

（二）噶玛嘎孜唐卡

噶玛嘎孜画属于藏族唐卡画的三大流派之一，又译“噶玛嘎孜画派”，流行于藏区东部，以四川省甘孜德格和西藏昌都及青海玉树为中心，相传在 16 世纪由南喀扎西活佛创建，以噶玛巴大法会而得名。继“噶玛三扎西”之后，甘孜藏族自治州炉霍县郎卡大师的微型唐卡堪称一绝，而被誉为工巧天毗首羯摩化身的德格普布泽仁大师留存在德格印经院的画版，几乎成为噶孜画派传承的范本。德格八邦寺重建以来，嘎孜画派名师辈出，除司徒曲吉迥乃外，琵空占夏、呷朱、当代著名画师德格通拉泽翁和囊谦索南尼玛等都是其杰出代表。2006 年 5 月 20 日，噶玛嘎孜唐卡技艺经国务院批准列入第一批国家级非物质文化遗产名录。

甘孜藏族自治州图书馆为了增强地域文献建设，弘扬藏族文化，征集了德格籍噶玛嘎孜画派传承人降呷画师的嘎孜画《21 尊度母》《十六罗汉》《四大天王》《释迦牟尼》等 50 幅。

（三）藏文书法

藏文书法有着悠久的历史，是藏族文化艺术的重要组成部分，公元 7

世纪中叶，吐蕃赞普松赞干布的名臣吞米桑布扎吸纳古印度不同文字的优点，结合藏族文化，创造了完善的藏文体系。2008 年藏文书法经国务院批准列入第二批国家非物质文化遗产名录。

甘孜藏族自治州图书馆在 2015 年首次征集 31 幅五省藏区著名藏文书法家书法作品。作品均出自名家之手，书体多样，具有地域特色。其中呷松多吉老师曾获五省藏区书法作品一等奖。精美的藏文书法给人耳目一新的感觉，同时也填补了甘孜藏族自治州图书馆无藏文书法作品的空白。

二、甘孜藏族自治州图书馆现存藏文文献的特点

（一）内容丰富，涵盖藏文古籍全部种类

馆藏藏文文献尚有医学类的《四部医典》，历史类的《藏传佛教史》《汉地佛教史》《印度佛教史》，综合类的《司徒文集》《局木旁文集》《萨迦文集》《宗喀巴文集》，佛教类的《道果》《修法》《经部》《律部》等古籍文献。这些文献记载了有关历史人物、历史事件以及关于宗教著述和十明学、传记、医学等方面的论述。

（二）唐卡文献是美学与天然款物质的完美结合。

噶玛嘎孜绘画是 100 多种矿物质、石粉和布料的完美结合，线条勾勒精美，佛像和边框比例规范，佛像结构完整；染金绝技，将金色分成多种冷暖变化，整幅画富丽堂皇、绚丽夺目。噶玛嘎孜画派的唐卡画装帧自成体系，手工制作繁密、精巧，让唐卡具有浓郁的传世珍品装饰韵味。装帧选用材料有布、丝绸、针线以及牙条，使装帧材料和画面完美地融为一体，独具特色。

（三）藏文书法藏品字体齐全，地域特色浓厚

五省藏区书法，主要字体有楷书体、草书体和自创体，楷书运笔轻重适度、疾徐得当、刚柔相济，使结体既显示严谨茂密，又不失之呆滞。草书的要求复杂一些，讲究每幅书诀作品通篇的气韵，追求气势流走、跌宕有致。相邻字母和相邻音节一气贯通，谏其疏密有致，既不显游离松弛，也不感紧凑憋气。自创体的字和画完美结合，具有象形的特征。书法的内容有《怎样学习书法》《萨迦格言》《水喻格言》《木喻格言》等。

三、甘孜藏族自治州图书馆藏文文献的整理和利用

（一）藏文古籍文献的编目整理

为了更好地收藏和保护这些藏文古籍文献，甘孜藏族自治州图书馆对所藏文献进行了整理和编目工作，作了明确的分类。目录分为总目录表和细目录表。总目录表反映整个藏文馆藏文献的整体情况，介绍馆藏文献数量、名称、版本、函数等信息。细目录表反映更全面详细的文献信息，包括文献名称、作者、成书年代、文献内容、版本说明、总函数的页数和小章节页数。在制作馆藏目录的同时，我们对其进行了藏汉对照翻译。

（二）藏文文献的不断扩充

在 2016 年第九届康巴艺术节期间，甘孜藏族自治州图书馆举办了藏学经典文献展，其中展出了原馆藏藏文古籍文献 1544 函，高僧大德及甘孜藏族自治州本土专家、作家捐赠的藏文书籍 2991 册，五省藏区著名书法家书法作品 31 幅、噶玛嘎孜唐卡画 50 幅等经典藏文文献。

展览获赠的《俄巴嘎举经典汇编》《时轮经夹注汇编》《博东·乔来囊杰文集》《萨迦五祖文集》《更登群培文集》《噶当文集》《藏区民间所藏藏文珍稀文献丛刊》等深受观众喜爱，被专家学者赞誉为“传承藏族文化的珍稀本，研究藏族文化的必备本，发展藏族文化的范本，弘扬藏族文化的经典卷”。这些藏文文献收藏到甘孜藏族自治州图书馆，有力提升了图书馆的藏书质量。展览期间，德格县委书记了解到州图书馆藏有德格版大藏经《甘珠尔》，没有《丹珠尔》，同意赠送德格版的《丹珠尔》一套。

四、地方文献保护和传承前景

（一）增强搜集力度，注重地方文献建设

甘孜藏族自治州图书馆将加大地方文献的搜集力度，争取政府的投入，拓宽收藏的方法和范围，进一步丰富书法文献，如书法内容可以是对联、经文、梵文。加强对藏文馆藏的进一步了解，更加明确藏文文献的收藏方向及重点，纠正与馆藏体系中有偏差部分文献分类，尽力补充缺藏地方文献。如甘孜藏族自治州图书馆在搜集藏文古籍文献时，在民间发现了一套极为珍贵的《苯教文献》共 16 函。由于购书经费不足，无法收藏，从而导致文献流失。另外，甘孜藏族自治州图书馆还计划在近几年搜集德

格印经院木刻板印刷的珍贵藏文古籍文献。

（二）藏文文献的保护和传承工作任重道远

这几年政府财政在经费方面给予了很大的支持，但仍然难以满足文献资源建设的需求，应加大文献资源建设经费和购书经费的投入；配备专业文献研究员和管理人员，制定严格的保护管理措施，大力培养藏文专业人才以及修复人员，搜集藏区各地藏文文献，并适时开展修复工作。

（三）加强文献数字化进度，使珍贵文献化身千百

对馆藏珍贵文献进行数字化，实现数据库建设不仅是地方文献保护的基础工作，也是研究和传承民族传统文化的具体表现。甘孜藏族自治州图书馆充分认识数字化是构建数字图书馆的必经之路，也十分重视地方文献数字化工作。在文献数字化基础上，建立统一的计算机软件系统，整合国内各馆藏单位有关甘孜藏文文献资源，建立完整的甘孜地方文献资源库。

参考文献

[1] 益西拉姆：《国内藏文古籍文献的保护现状》，《民族学刊》2012 年第 3 期。

[2] 孙力：《藏文古籍文献数据库系统建设的探讨》，《情报杂志》2006 年第 7 期。

·史籍研究·

《阅微草堂笔记》所载“五雷”等法术蕴意

张伟丽

《阅微草堂笔记》是清代学者、《四库全书》总纂官纪晓岚所著，系清代笔记体志怪小说集，其中记载了大量的道教法术，这些法术既是道教文化的体现，也体现了一定的文化意蕴。本文就以其中出现最多的“五雷”法为例，追根溯源，对其中的法术及其文化意蕴做一番阐释。

“五雷”是清代道教法术中比较著名的一个，在民间有较大的影响力，直至现代社会仍然有“五雷轰顶”的说法，人们赌咒发誓时也经常说“天打五雷轰”。那么“五雷”具体包括哪五种雷，它的起源又是什么，为何在《阅微草堂笔记》中多次出现，背后的原因值得人们探讨。

其中一个重要原因是“五雷法”很神秘，在民间有很大的影响力。

“五雷法”也叫“五雷正法”，简称为雷法，雏形最早可以追溯到道教北帝派的符箓系统（北帝派以崇拜北极紫微大帝为基本特征）。正一部收有《北说豁落七元经》《七元璞巩召魔品经》和《太上紫微中天七元真经》等北帝派的七部经典中涉及雷法的问题。唐代孙夷中编《三洞修道仪》评价他们：

> 治六天鬼神辟邪禳祸之事。①

北帝派有各种经书符箓十余种，其中有“北帝雷公法”一种，是迄今为止所知最早提到“雷”和“雷公”的法术。“北帝雷公法”主要介绍召役五雷神兵的方法，称若有道士专一修法，建立道场，燃灯行道，符章厌阵，追捉鬼神：

> 我当为召请五雷神兵亿亿万骑，来降道场，消灭精魅，挥虫

① 《道藏·正一部》，文物出版社，上海书店，天津古籍出版社，1988年3月，第二十四卷，第191页。

毒疫精。①

召请五雷，即指中央大云雷和东、南、西、北大云雷，各统有火铃神兵，伴有木、火、金、水、土精神兵，成为后来的五雷正法的主要内容，即所谓的“五方五雷”。

后世的五雷正法在召役之法上与“北帝雷公法”颇有差异，而且雷法盛行之后，对所谓五雷的含义作了新的解释，除北帝派的五方五雷外，又构想出各种不同的“五雷”称号等。

关于“五雷法”许多细节问题保留在《冲虚通妙侍辰王先生家话》一书中，此书记载了北宋末年一个叫王文卿的道士与其弟子袁庭植之间谈论“五雷法”的对话：

问曰：使者之捷，固已神矣。且如祖官一出，随方可以发用，第查冥空寂，何以验使者之至否？

答曰：法官当默然叩齿，握雷局，依法召之。默念咒音，含光默默，眉尖痒时，使者即至。

问曰：弟子昔蒙师指教，授以法诀，因在宜黄陈子寔家救病，亦冥冥召使者，诛其祸祟，坐定，忽冷风袭两足，后以符与病者，见使者现形，此验何为与师眉间之说颇异？

答曰：念头起于一点，报应验于一身。头圆象天，足方象地。眉间之验，使者从天而来，足下验，使者从地户而至。盖祟之形影声响，在于阳间，止于地矣。此乃使者破地户搜祟而至，然动雷之验，诀于眉间，以至五脏之内。②

从这篇记录中我们可以看到，“五雷”的雷法是由内丹和符箓结合而成的，主张内炼成丹，外用成法。宋时徽宗好符箓道教，有侍宸九人，王文卿即是其中一人，其他八人包括林灵素、王允诚、徐知常、董南运、李得柔、王冲道、张虚白诸人。王文卿和林灵素俱得神霄雷法之传，后世王文卿之徒繁盛，随着他在民间的公信力逐渐增高，他所代表的五雷法在民间也成为比较通行的法术。这种法术在民间流传时间很长，甚至到了清代，民间还在热衷演练“五雷法”。《阅微草堂笔记·滦阳消夏录六》中记录了本族长辈私练天心派五雷正法的故事：

---

① 《正统道藏·七元召魔伏大天神咒经》，文物出版社，上海书店，天津古籍出版社，1988年3月，第三十四卷，第450页。

② 《道藏·冲虚通妙侍辰王先生家话》，文物出版社，上海书店，天津古籍出版社，1988年3月，第三十二卷，第390页。

伯高祖爱堂公，明季有声黉序间。……偶遇道士，论颇洽，留与共饮。道士别后，途遇奴子胡门德，曰："顷一书忘付汝主，汝可携归。"公视之，皆驱神役鬼符咒也。闭户肄习，尽通其术，时时用为戏剧，以消遣岁月。……卒半日复苏，曰："我以亵用五雷法，获阴谴。冥司追还此书，可急焚之。"焚讫复卒。半日又苏曰："冥司查检，阙三页，饬归取。"视灰中，果三页未烬；重焚之，乃卒。此事姚安公附载家谱中。①

可见"五雷法"威力大，且有教材传世，易于练习，对百姓很有吸引力。这也是《阅微草堂笔记》中高频率出现"五雷法"的另外一个原因，即作者的族人似乎对法术特别感兴趣。不过，从纪晓岚的伯高祖用五雷法而受惩罚一事，可见，这些法术在民间还是有一定震慑力的。

但是，禁忌反而更加激发了百姓私练法术的兴趣。除了"五雷"法，一些役鬼的法术也颇受"欢迎"：

先姚安公曰：里有白以忠者，偶买得役鬼符咒一册，冀借此演搬运法，或可谋生。乃依书置诸法物，月明之夜，作道士装，至墟墓间试之。据案对书诵咒，果闻四面啾啾声。俄暴风突起，卷其书落草间，为一鬼跃出攫去。众鬼哗然并出，曰："尔恃符咒拘遣我，今符咒已失，不畏尔矣。"聚而攒击，以忠踉跄奔逃，背后瓦砾如骤雨，仅得至家。是夜疟疾大作，困卧月余，疑亦鬼为祟也。②

此外，《阅微草堂笔记》中还有"腹语"这一法术的记载：

鬼魅在人腹中语，余所闻见，凡三事：一为云南李编修衣山，因扶乩与狐女唱和。狐女姊妹数辈，并入居其腹中，时时与语。正一真人劾治弗能遣，竟颠痫终身。余在翰林目睹之。一为宛平张文鹤友，官南汝光道时，与史姓幕友宿驿舍。有客投刺谒史，对语彻夜。比晓，客及其仆皆不见，忽闻语出史腹中……俄仍归腹中，至史死乃已。疑其夙冤也。③

---

① （清）纪晓岚：《阅微草堂笔记·卷六·滦阳消夏录六》，上海古籍出版社，2004年1月，第98页。

② （清）纪晓岚：《阅微草堂笔记·卷六·滦阳消夏录六》，上海古籍出版社，2004年1月，第90页。

③ （清）纪晓岚：《阅微草堂笔记·卷九·如是我闻三》，上海古籍出版社，2004年1月，第172页。

后世许多武侠小说中出现的“腹语”异能，看来也绝非主观臆造，而是早已有之，道教如此之多的奇异法术正好为后世的小说增色不少。

这些奇怪的法术，既有密宗的影子，也有道教自身刻意突出妖魔化的法术的因素。《滦阳续录》里有一则故事，每每读起来，都感到妖道、妖术的可怕：

> 门人王廷绍言：忻州有以贫鬻妇者，去几二载，忽自归，云初被买时，引至一人家，旋有一道士至，携之入山，意甚疑惧。然业已卖与，无如何。道士令闭目，即闻两耳风飕飕。俄令开目，已在一高峰上。室庐华洁，有妇女二十余人，共来问讯，云此是仙府，无苦也。……则净褫内外衣，以红绒为巨绠，缚大木上，手足不能丝毫动；并以绵丸窒口，喑不能声。祖师持金管如箸，寻视脉穴，刺入两臂两股肉内，吮吸其血，颇为酷毒。吮吸后，以药末糁创孔，即不觉痛，顷刻结痂。……忽一日狂飙陡起，黑云如墨压山顶，雷电激射，势极可怖。祖师惶遽，呼二十余女，并裸露环抱其身，如肉屏风。火光入室者数次，皆一掣即返。俄一龙爪大如箕，于人丛中攫祖师去。霹雳一声，山谷震动，天地晦冥。觉昏瞀如睡梦，稍醒，则已卧道旁……①

妖道将妇女捉去，只为喝人血，遭到天谴时竟将无辜妇女作为屏障，其道术之可怕，品德之卑下实在令人发指。这个故事虽然是道术妖魔化的极端例子，但是绝非纪晓岚臆造，还是有原型可循的。故事中道士身上颇有明朝世宗皇帝的荒唐影子，明世宗朱厚熜崇信道教，用道教房中术作为房中密戏之用，不仅社会对此需求大大增加，也影响了道教外丹术和内丹术的修炼方法。什么红铅、秋石统统上阵，难怪有学者批评道教的这些法术“更为下作”②。朱厚熜为了采炼红铅在嘉靖三十一年（1552）和三十四年（1555）两次选处女进京，供其习闺丹做外鼎和炼制红铅用。据《明实录》记：

> 嘉靖三十一年冬，选处女年八至十四岁者三百人进京……三

① （清）纪晓岚：《阅微草堂笔记·卷二十二·滦阳续录四》，上海古籍出版社，2004年1月，第460页。

② 胡孚琛、吕锡琛：《道学通论·道教道学丹道》，社会科学出版社，1993年，第75页。

十四年秋选十岁以下处女百六十人入京。①

这与故事中道士劫人妇女的性质根本是一样的。明代人已经对此非常不齿，《涌幢小品》卷二十九批评道教法术：

本邪僻谬悠，而惑之者罹祸不浅。②

非老子清净本旨，盖源于古之巫，与老子殊不相干。……徒滋益人心之惑，而重为世之害。③

纪晓岚也非常反对这些灵幻如是的道术，他警告那些希望借此成仙的人，不亦颠哉！

《阅微草堂笔记》中还多次出现道士对未成年人颂咒，是人则惘惘不知所之，这应该是现实世界拐卖儿童和贩卖妇女的反映。

总体来看，纪晓岚在《阅微草堂笔记》中对道术和道士的态度是怀疑的，即使是道术再精巧，他也认为这是“怪民”的行为。他之所以记录如此之多的道术，还常借异类之口对道士此类的卑劣行径进行辛辣的讽刺，只是为了揭露背后不可告人的目的，以便最后结尾说教、劝惩戒。

值得注意的是，《阅微草堂笔记》中一则记录道术的故事，比起其他单纯说教的篇章来，具有浓厚的文学色彩：

德州宋清远先生言：吕道士，不知何许人，善幻术，尝客田山疆司农家。值朱藤盛开，宾客会赏。一俗士言词猥鄙，喋喋不休，殊败人意。一少年性轻脱，厌薄尤甚，斥勿多言。二人几攘臂。一老儒和解之，俱不听，亦愠形于色。满坐为之不乐。道士耳语小童，取纸笔，画三符焚之。三人忽皆起，在院中旋折数四。俗客趋东南隅坐，喃喃自语。听之，乃与妻妾谈家事。俄左右回顾若和解，俄怡色自辩，俄作引罪状，俄屈一膝，俄两膝并屈，俄叩首不已。视少年，则坐西南隅花栏上，流目送盼，妮妮软语。俄嬉笑，俄谦谢，俄低唱《浣纱记》，呦呦不已，手自按拍，备诸冶荡之态。老儒则端坐石磴上，讲《孟子》齐桓、晋文之事一章。字剖句析，指挥顾盼，如与四五人对语。忽摇首曰

① “中央研究院”历史语言研究所编：《明实录·明世宗实录》嘉靖三十一年至嘉靖三十四年，上海古籍出版社，1983年，第7页。

② （明）朱国祯：《涌幢小品》，王根林校注《明代笔记小说大观四》卷二十七，上海古籍出版社，2005年，第3793页。

③ （明）李诩：《戒庵老人漫笔》，《四库全书·子部杂家类》，中华书局，1982年，第205页。

"不是"，忽瞠目曰："尚不解耶"，咯咯痨嗽仍不止。众骇笑，道士摇手止之。比酒阑，道士又焚三符。三人乃惘惘痴坐，少选始醒，自称不觉醉眠，谢无礼。众匿笑散。道士曰："此小术，不足道。叶法善引唐明皇入月宫，即用此符。当时误以为真仙，迂儒又以为妄语，皆井底蛙耳。"后在旅馆，符摄一过往贵人妾魂。妾苏后，登车识其路径门户，语贵人急捕之，已遁去。此《周礼》所以禁怪民欤！①

从文学的角度来看，这个故事还是写得相当细致、精彩的。一反纪晓岚"不屑于描头画角"的风格，细致地刻画了俗士、少年、老儒在中了道士法术之后的种种姿态，而且非常符合他们各自的身份。

俗客与妻妾谈家庭琐事："俄左右回顾若和解，俄怡色自辩，俄作引罪状，俄屈一膝，俄两膝并屈，俄叩首不已"，其在家中的种种丑态毕现；少年"俄嬉笑，俄谦谢，俄低唱《浣纱记》，呦呦不已，手自按拍，备诸冶荡之态。"也符合他个性跳脱的特征；老儒还在那里讲"《孟子》齐桓、晋文之事一章。字剖句析，指挥顾盼，如与四五人对语。忽摇首曰：'不是'，忽瞠目曰：'尚不解耶'，咯咯痨嗽仍不止。"也是他的本色。这些描写让人忍俊不禁。

故事正是借助道术的力量才使得故事前后充满了戏剧性和趣味性。这个场面描写好似一个长镜头，描写得精当、细致，使读者身临其境。不过，最终纪晓岚结束了这一番充满趣味性的描述后，将重点落在了"禁怪民"上，可见，他对道士的奇异法术还是排斥的。

《阅微草堂笔记》中还有一个有关道术的故事值得人们注意，记乌鲁木齐一个道士的神奇道术，与佛经颇有渊源，其承自其他志怪小说相似情节的痕迹也较为明显：

乌鲁木齐有道士卖药于市。或曰，是有妖术，人见其夜宿旅舍中，临睡必探佩囊，出一小壶卢，倾出黑物二丸，即有二少女与同寝，晓乃不见。问之，则云无有。……"公信传闻之词，据无稽之说，遽兴大狱，似非所宜。塞外不当留杂色人，饬所司驱之出境，足矣。"余乃止……②

① （清）纪晓岚：《阅微草堂笔记·卷一·滦阳消夏录一》上海古籍出版社，2004年1月，第12页。

② （清）纪晓岚：《阅微草堂笔记·卷三·滦阳消夏录三》，上海古籍出版社，2004年1月，第49页。

道士以药变出少女同寝，这个情节来自佛经《旧杂譬喻经》卷上的一则故事：

太子上树，逢见梵志独行来，入水池浴出饭食，作术吐出一壶，壶中有女人，与于屏处作家室，梵志遂得卧。女人则复作术，吐出一壶，壶中有年少男子复与共卧，已便吞壶。须臾，梵志起复内妇著壶中，吞之已作杖而去。①

东晋时代的《灵鬼志》中《外国道人》一则故事也有类似记载：

既行数十里，树下住食……语担人："我欲与妇共食。"即复口吐出一女子，年二十许，衣裳容貌甚美，二人便共食。食欲竟，其夫便卧。妇语担人："我有外夫，欲来共食；夫觉，君勿道之。"妇便口中吐出一年少丈夫，共食。笼中便有三人，宽急之事，亦复不异。有顷，其夫动，如欲觉，妇便以外夫内口中。夫起，语担人曰："可去。"即以妇内口中，次及食器物。②

梁朝志怪小说《续齐谐记》中也有个类似的《鹅笼书生》的故事：

前行，息树下，书生乃出笼……又于口中吐一女子，年可十五六，衣服绮丽，容貌殊绝，共坐宴。俄而书生醉卧，此女谓彦曰："虽与书生结妻，而实怀外心，向亦窃得一男子同行，书生既眠，暂唤之，君幸勿言。"彦曰："善。"女子于口中吐出一男子，年可二十三四，亦颖悟可爱，仍与彦叙寒温。书生卧欲觉，女子口吐一锦行障，遮书生，书生乃留女子共卧。男子谓彦曰："此女子虽有情，心亦不尽。向复窃得一女人同行，今欲暂见之，愿君勿泄。"彦曰："善。"男子又于口中吐一妇人，年可二十许，共酌，戏谈甚久。闻书生动声，男子曰："二人眠已觉。"因取所吐女人，还纳口中。须臾，书生处女子乃出，谓彦曰："书生欲起。"乃吞向男子，独对彦坐。然后书生起，谓彦曰："暂眠遂久，君独坐当悒悒邪？日又晚，当与君别。"遂吞其女子，诸器

① （三国吴）康僧会译：《旧杂譬喻经卷十八》，《大正藏》第四卷《本缘部下》，台北佛陀教育基金会印，1990年，第517页。

② 《灵鬼志》作者一度被学界误认为是唐朝的常沂，经过考证乃是东晋时期的荀氏，荀氏生卒年月不详。史仲文：《中国文言百部小说经典》，北京出版社，2000年，第779页。

皿悉纳口中。[①]

上述几个故事比较起来，《外国道人》和《鹅笼书生》更注重真实与虚幻之间游戏腾挪的乐趣，作者似乎特意地表现这一点。就《鹅笼书生》而言，研究者认为：

> 它与魏晋南北朝以来的俳谐文的兴盛有着密切的关联。……《鹅笼书生》之于《外国道人》的汲取，在某种程度上已俨然不过是故事原型的借用，而那些似乎从不愿停顿下来的吞吐环节，正是作者俳谐滑稽的心理表现。[②]

相比之下，在《阅微草堂笔记》中，这种法术已成为道士自神其教、炫耀神异的工具了。故事中神异情节所占比例少了很多，纪晓岚写作重点明显不在这里，他关心的也绝非道人如何神奇，而是如何破解道士的法术，制服这样的“怪民”。作者在原本的印度故事中加入了中国元素，以此用来解释道士法术的由来。在他的笔下，道术变成了奇技淫巧，道士形象变成了妖道，原文滑稽、幽默的快乐气氛也不见了。作者在记录这些故事时没有《外国道人》和《鹅笼书生》一样的游戏心态，反倒是和佛经中故事比较相近，不再耽溺于富于变化的故事情节，而是充满着劝惩的意味，正是实学思想在小说中的具体体现，也是《阅微草堂笔记》行文的一个重要的特点。

① （南朝梁）吴均：《续齐谐记》，史仲文编《中国文言小说百部经典》第五，北京出版社，2000年，第1535页。

② 王耘《从〈外国道人〉到〈鹅笼书生〉——论佛经故事向志怪小说的叙述范式转型》，《中国文学研究》，2007年第4期。

高句丽定法师及其《咏孤石》考

徐云平　王福栋

作为僧人而留下诗文作品，这在中国并不奇怪。很多出家人都留下了诗文集，成为中国诗坛和文坛的重要组成部分，本文涉及的就是一个名叫定法师的僧人。在中国的古典文献中有两个定法师，其一是朝鲜半岛三国时期高句丽的出家人，是个国外的僧侣。他的生平资料现在几乎完全没有留下来，只是留下了一首名为《咏孤石》的五言诗。第二个定法师则是中国僧人，大约生活在高句丽国定法师二百年以后，唐代著名的诗人杨巨源还曾给这个僧人写过两首诗，一名为《供奉定法师归安南》，一名为《送定法师归蜀》，而且非常值得一提的是在第二首诗的题目下边有一行小注“法师即红楼院供奉广宣上人兄弟”。很明显这两个生活在不同年代的定法师是没有可能搞混的。笔者在翻阅逯钦立先生编的《先秦汉魏晋南北朝诗》时，发现这本书的“陈诗卷十”中有这首诗，但定法师的年代记载有误，同时存在文字问题。笔者按图索骥，发现很多文献关于定法师和他这首诗的记载都有不同谬误，遂撰此文以考证。

一、关于《咏孤石》诗的作者

经笔者调查，收录《咏孤石》这首诗的著作并不少，《初学记》《渊鉴类函》《古诗纪》《文苑英华》等古代的文献以及现在的文献约有 10 多种。在这些收录《咏孤石》诗的集子当中最早的当数《初学记》了，这是唐代人的著作，距定法师生活的年代也最近，这部书当中对作者的描述为“陈高驪定法师咏孤石”①，其后的宋代、明代、清代以至现当代的集子当中对于定法师的记载基本都是错误的：《渊鉴类函·卷二十六》中注明诗作者为“高麗定法师”，《古诗记·卷一百十七》和《文苑英华·卷一百六十一》同样注明作者为“高麗定法师”；而当代的《鄱阳湖历代诗词集

---

① （唐）徐坚等著：《初学记》，中华书局，1962 年，第 109 页。

注评·晋至隋代》则注明作者为定法师，并附有注释：定法师，南朝陈时高丽国僧人。生卒年、事迹不详。2007年出版的《中华大典·文学典·魏晋南北朝分典》也提到了定法师，对他的称呼是“高麗定法师”。而在《古今禅藻集·卷一》中则干脆不提作者是什么年代的人以及来自何处，只是注明作者是定法师，《御定佩文斋咏物诗选·卷八十》中注明作者是僧定法陈，即作者是陈代的僧人定法师。这些对作者的表述要么语焉不详，要么不经考证就因循已有错误，很不严谨。那么到底正确的表述应该是怎样的呢？提到朝鲜半岛的这个定法师，则不得不提到朝鲜半岛的历史。公元1世纪前后，朝鲜形成了高句丽、百济、新罗三个国家。朝鲜史学界一般都认为此时已进入封建社会。“高句丽”政权形成的比较早，以至于我国的《汉书》就已经有了关于“高句丽”的记载。高句丽、百济、新罗三国之间，相互攻伐，战争频仍，至7世纪在唐朝协助下由新罗实现了统一。新罗政权存在267年之后，约在10世纪初，被高丽王朝取代，建立了稳固的中央集权制国家。定法师就是生活在朝鲜半岛三国时代晚期的一名僧人。中国古代多数文献的记载都提到陈这个年代，陈是中国南朝的最后一个朝代，时间跨度从公元557年到公元589年，只有短短三十年时间。而这时距高句丽被唐灭亡（公元668年）还有近七十年时间。而高丽在高句丽灭亡的二百五十年后也就是公元918年才建立。而此时唐代刚刚灭亡（公元907年），也就是说唐代人是不可能知道有“高丽”这样一个国度的。据此我们推断，定法师生活的国度很可能是朝鲜半岛“三国时期”的高句丽，这时候正值中国的南朝后期——陈。再者，我们知道《初学记》的作者徐坚生于唐显庆五年（660），卒于唐开元十七年（729），此时正值新罗统一朝鲜半岛时期，他对朝鲜半岛情况应该比较了解，更应当知道“高句丽”的情况。徐坚卒后又过了近二百年才有了高丽政权。由此而论，徐坚编著《初学记》的时候，于定法师的称呼当为“高句丽定法师”。由“高句丽定法师”变为“高丽定法师”，笔者推测原因可能是唐以后《初学记》雕版印刷的时候，编纂人员由于缺乏对朝鲜半岛历史的认识，私自将“高句丽”改成了“高丽”，殊不知“差之一字，谬之千里”。据蔺华先生《〈初学记〉的编纂人员与历代版本考》考证，“北宋大中祥符九年（1016），《初学记》在西蜀雕板印行，此本今已不传（这里的西蜀板印就是指毋昭裔的家刻）。”① 那么西蜀板印的《初学记》应当就是最早

① 蔺华：《〈初学记〉的编纂人员与历代版本考》，《佳木斯教育学院学报》2011年第5期，第57页。

的版本了。之后又有南宋本、元本等版本。"《初学记》现存最早的版本是明代嘉靖十年（1513）安国的桂坡馆刻本，安氏曾得到一个残宋本，缺卷七、十、二十一至二十五及卷三十的下半，共缺七卷半。先用铜活字排印，缺卷一仍其旧。后来又请人把缺卷补齐，另行镂板。推之，安氏的这个本子当最为完善，保存了《初学记》的本来面貌。后世的多次印刻都离不开此本，或直接用之，或稍做校注再刻印。"① 此后，《初学记》又有清本等多个版本。《初学记》的版本系统如此复杂，"高句丽"变成"高丽"一定就发生在这其中，致使我们现在看到"陈高丽定法师"这样不符合历史的表述。"（陈）高丽定法师"这种称呼方法是错误的，但这个错误在现在韩国和朝鲜的文学史上是绝对不会出现的，为什么会在中国古代文献中出现呢？笔者分析原因之一是可能源于刊刻者、校注者对国外历史知识的缺乏；二是可能源于一种习惯称呼，《现代汉语词典》里面对于"高丽"这个词条的解释是这样的：朝鲜历史上的王朝（918—1392）。我国习惯上多沿用来指称朝鲜或关于朝鲜的：高丽参｜高丽纸。② 这种称呼如果只是用于日常生活是可以的，但是如果用在学术上则是不合适的。高丽只是朝鲜半岛上一个存在过的王朝，用高丽来指称整个朝鲜半岛就像用明或者元来指称现在的中国一样不合适；三，或许自从第一个人把"高丽"与"定法师"放在一起写进书中的时候，以后的人只是照抄，而没有进行认真考证，于是错误就此铸成并被不断延续。在弄清楚了这些问题之后，我们基本就可以得出一个关于定法师本人正确的结论了，《咏孤石》的作者当为：（陈）高句丽定法师。

中国的这些古文献当中关于定法师的记载还有一点是错误的，那就是：无论高丽还是高句丽都只有一种写法即"高麗""高句麗"。"高驪"这种写法不知始于何时，但却是错误的。"麗"和"驪"两个字并不能通用，前者是"丽"的繁体写法，《现代汉语词典》的解释是"高丽（gāo lí），朝鲜历史上的王朝，我国过去沿用指朝鲜半岛"③；而后者意思是"纯黑色的马"④，与朝鲜没有任何关系。何况这两个字的读音也是不同的：前者有两个读音，即去声和阳平——去声有"美丽"的意思；阳平有两种

① 蔺华：《〈初学记〉的编纂人员与历代版本考》，《佳木斯教育学院学报》2011年第5期，第57页。

② 中国社会科学院语言研究所词典编辑室编：《现代汉语词典》，商务印书馆，2005年，第452页。

③ 同上。

④ 同上。

情况：用于地名的“丽水”和用于国家名的“高丽”；而后者的读音是阳平，很多古人，包括今人在这一点上少有考订。所以《咏孤石》作者定法师的国度及时代当为高句丽，而非“高驪”“高麗”抑或“高丽”。

二、《咏孤石》诗的文字校勘

《咏孤石》这首诗一共不过40个字，而且并不难理解，但当笔者把各种集子都放在一起却发现这短短的一首五言诗，竟然有十六个版本，现抄录如下：

逈石直生空，平湖四望通，岩隈恒洒浪，树杪镇摇风。
偃流还渍影，侵霞更上红，独拔群峰外，孤秀白云中。

——《初学记》①

逈石直生空，平湖四望通，岩限恒洒浪，树杪镇摇风。
偃流还渍影，侵霞更上红，独拔群峰外，孤秀白云中。

——《初学记》②

迥石直升空，平湖四望通，岩根恒洒浪，树杪镇摇风。
偃流还渍影，侵霞更上红，独拔群峰外，孤秀白云中。

——《古诗纪》③

迥石直生空，平湖四望通，岩隈恒洒浪，树杪镇摇风。
偃流还渍影，侵霞更上红，独拔群峰外，孤秀白云中。

——《渊鉴类函》④

迴石直生空，平湖四望通，岩根恒洒浪，树杪镇摇风。
偃流还清影，侵霞更上红，獨拔群峰外，孤秀白云中。

——《文苑英华》⑤

廻石直半空，平湖四望通，岩根恒洒浪，树杪镇摇风。
偃流还渍影，侵霞更上红，独拔群峰外，孤秀白云中。

---

① （唐）徐坚等著：《初学记》，中华书局，1962年，第109页。

② 此处为《先秦汉魏晋南北朝诗》（陈诗卷十）中注明的《初学记》（陈大科刊本）中的《咏孤石》。

③ （明）冯惟讷辑：《古诗纪》，台湾商务印书馆，1969年，第17页。

④ （清）张英、王士祯、王惔等撰：《渊鉴类函》，中国书店发行，1985年，卷二十六，第14页。

⑤ （宋）李昉、徐铉、宋白及苏易简等人编撰：《文苑英华》，中华书局，1966年，卷一百六十一，第768页。

——《韩国汉文学史》[1]

廻石直生空，平湖四望通，岩隈恒洒浪，树杪镇摇风。

偃流还清影，侵霞更上红，独拔群峰外，孤秀白云中。

——《朝鲜文学史》[2]

迥日直生空，平湖四望通。岩隈恒洒浪，树杪镇摇风。

偃流还渍影，侵霞更上红。独拔群峰外，孤秀白云中。

——《古今禅藻集》[3]

迴石直生空，平湖四望通。岩根恒洒浪，树杪镇摇风。

偃流还渍影，侵霞更上红。独拔群峰外，孤秀白云中。

——《御定佩文斋咏物诗选》[4]

迴石直生空，平湖四望通。岩根恒洒浪，树杪镇摇风。

偃流还渍影，侵霞更上红。独攀群峰外，孤秀白云中。

——《采菽堂古诗选》[5]

迥石直生空，平湖四望通，岩根恒洒浪，树杪镇摇风。

偃流还渍影，侵霞更上红，独拔群峰外，孤秀白云中。

——《素园石谱》[6]

迥石直生空，平湖四望通，岩根恒洒浪，树杪镇摇风。

偃流还渍影，侵霞更上红，独拔群峰外，孤秀白云中。

——《先秦汉魏晋南北朝诗》[7]

迴石直生空，平湖四望通。岩根恒洒浪，树杪镇摇风[8]。

偃流还渍影，侵霞更上红。独拔群峰外，孤秀白云中。

——《鄱阳湖历代诗词集注评》[9]

---

① （韩）李丙畴、李钟灿、金光淳、宋寯镐、金甲起、尹光凤合著：《韩国汉文学史》，半岛出版社，1991年，第13页。

② 韦旭升：《朝鲜文学史》，北京大学出版社，1986年，第32页。

③ （明）释正勉、释性通辑：《古今禅藻集》，台湾商务印书馆，1986年，卷一第24页。

④ （清）张玉书等编：《御定佩文斋咏物诗选》，台湾商务印书馆，1983年，卷八十第1页。

⑤ （清）陈祚明编选：《采菽堂古诗选》，《续修四库全书》，上海古籍出版社，2002年，第31页。

⑥ 尹瘦石主编：《素园石谱》，《中国古画谱集成》，山东美术出版社，第709页。

⑦ 逯钦立辑校：《先秦汉魏晋南北朝诗》，中华书局，1983年，陈诗卷十，第2625页。

⑧ 书底原注：镇：整日。

⑨ 胡迎建主编：《鄱阳湖历代诗词集注评》，江西人民出版社，2015年，第10页。

炯石直生空，平湖四望通，岩隈恒洒浪，树杪镇摇风。
偃流还清影，侵霞更上红，独拔群峰外，孤秀白云中。
——《朝鲜民族古代韩文诗选注》①

逈石直生空，平湖四望通，岩隈恒洒浪，树杪镇摇风。
偃流还渍影，浸霞更上红，独拔群峰外，孤秀白云中。
——《禅诗三百首今析新注》②

回石直生空，平湖四望通，岩根恒洒浪，树杪镇摇风。
偃流迎渍影，侵霞更上红，独拔群峰外，孤秀白云中。
——《东北文学史》③

当我们把这些版本都放在一起的时候，我们会发现这些诗歌的不同主要集中在如下几个字上：迥（逈、逥、廻、炯）、石（日）、升（生、半）、隈（根、限）、杪（杪）、偃（傴）、还（迎）、清（渍）、侵（浸）、独（獨）、拨（拔、拔、攀）。

首先说第一个字，“逥”和“廻”都是“回”的繁体写法，“回”有以下义项：曲折环绕、从别处到原来的地方、调转、答复、回禀、谢绝、量词、姓氏、旋转、奸邪、回纥。“逈”和“迥”是同一个字的不同写法，只有一个义项，那就是“远”。“廻”与“迥”形似，“廻”当是“迥”之误；“炯”则不知源于何典。

第二个字，“石”，非“日”。

第三个字，“升”是一种向上运动的动作，相比之下，“生”似乎较合适，因为“生”有一种生来、本来的意思。

第四个字，“限”字显然是“隈”之误。“根”有“下部”的意思。

第五个字，“杪”显然是“杪”之误，“杪”的意思是树枝的细梢。而“杪椤”是联绵词，不能分开使用。

第六个字，“偃”，停止意。“傴”当为刊刻之误。

第七个字，“还”为虚词，与下联的“更”相对。“迎”为动词，有“迎面、迎合”等意，无论在语义上还是在对仗上都欠妥。

第八个字，“清”与“渍”形似。

第九个字，“浸”当为“侵”之误，渐进也。

第十个字，“獨”显然是“独”字之误。

---

① 张德秀选注：《朝鲜民族古代汉文诗选注》，辽宁民族出版社，2002年，第7页。

② 汪正球编析：《禅诗三百首今析新注》，漓江出版社，1999年，第10页。

③ 马清福著：《东北文学史》，春风文艺出版社，1992年，第107页。

最后一个字，拔（抜、拨、攀）。“抜”音 bá，意同“拔”，抽、拉出的意思，为日本汉字，与此诗并无关系。“拨”与“拔”极其形近，然词义相去甚远，不符诗意，当为误传。“拔”与“攀”俱为动词，然词义区别也较大，“拔”有独自挺立之意，而“攀”则有须附着他物附势竞上之意。考《咏孤石》诗意所言，孤石独立水中，高可参天，突出于群峰，当有挺拔之意，而无攀登之意，故“攀”字当误。

三、关于《咏孤石》创作的历史环境

我们上面已经探讨了关于定法师的生活年代、国度以及他《咏孤石》诗的文字问题，那么《咏孤石》是在一种什么样的历史环境中创作出来的呢？虽然上面提到的众多典籍并未严明定法师的来历情况，可是基本都承认定法师是“陈”时人。马清福先生所著的《东北文学史》对此描述极为清晰：“南北朝时期，东北的高句丽王国虽然是臣属于北朝的国家，但是由于其逐渐完成了由奴隶制向封建制的过渡，其社会的政治、经济和文化都有了较快的发展；现在出土的高句丽的墓葬和所发现的高句丽的石碑壁画，反映了高句丽当时艺术发展的水平。据历史记载可知，高句丽对汉文化学习吸收也是很明显，这种学习和吸收推动了高句丽文化艺术的繁荣。南北朝时期，不仅汉儒的经典传入了高句丽社会，佛教文化也先后传入高句丽。高句丽也开始了建筑佛寺，高句丽僧人也有的来到中原学佛，通晓佛教的经典……高句丽以诗歌为主的文学，就是在上述文化发展的深厚背景上发展起来的。高句丽的诗歌由于多已亡佚，所以今日能见到的不多。南北朝时期高句丽的诗歌，今天能知道的主要有乙支文德将军的五言诗、琉璃王的四言诗《黄鸟歌》和高句丽定法师的《咏孤石》……高句丽定法师是一名诗僧，其《咏孤石》已编入陈诗。”[①] 定法师的这首诗，用字老道，完全看不出是一位外国诗人所作。而且从诗歌艺术水平来说，这首诗明是写景，实是抒怀，突出了诗人对自我品格的肯定，其水准当在中上水平。我们知道，五律在我国的成熟至武后朝沈佺期和宋之问才最后完成，而南朝正是格律诗的探索阶段。如果定法师一直生活在朝鲜半岛，恐怕难有《咏孤石》这样的佳作问世。

《文心雕龙·明诗》说：“宋初文咏，体有因革，庄老告退，而山水方

① 马清福著：《东北文学史》，春风文艺出版社，1992 年，第 107 页。

滋，俪采百字之偶，争价一句之奇，情必极貌以写物，辞必穷力而追新。”① 虽然刘宋时期诗僧的山水诗并没有太多发展，然而到了陈代，众多诗僧的山水诗则呈现出了繁盛的状态。比如描写孤石竟也成为山水诗的主题之一，刘宋鲍照（《望孤石诗》）、萧梁朱超（《咏孤石诗》）等人都写过咏孤石的诗，尤其同处陈代的僧人释慧标也写过咏孤石的诗，现俱列于下：

江南多暖谷，杂树茂寒峰。朱华抱白雪，阳条熙朔风。
蚌节流绮藻，辉石乱烟虹。泄云去无极，驰波往不穷。
啸歌清漏毕，徘徊朝景终。浮生会当几，欢酌每盈衷。

——刘宋·鲍照《望孤石诗》②

侵霞去日近，镇水激流分。对影疑双阙，孤生若断云。
遏风静华浪，胜烟起薄曛。虽言近七岭，独立不成群。

——萧梁·朱超《咏孤石诗》③

中原一孤石，地理不知年。根含彭泽浪，顶入香炉烟。
崖成二鸟翼，峰作一芙莲。何时发东武，今来镇蠡川。

——南朝陈·释慧标《咏孤石》④

迥石直生空，平湖四望通，岩根恒洒浪，树杪镇摇风。
偃流还清影，侵霞更上红，独拔群峰外，孤秀白云中。

——南朝陈·高句丽·定法师《咏孤石》

这四首歌咏孤石之诗粗看之下，竟像是一组诗，可见南朝诗人山水诗之盛。这里尤其需要提到释慧标，他与定法师同为僧人，又都同处南朝陈代，所写都是有关孤石的诗。如此看来，定法师的《咏孤石》并不是一首很孤立的诗，他的这首诗作当是在盛行山水诗创作的大环境中创作出来的。定法师如未长时间生活于我国中原地区，无论如何是写不出《咏孤石》这样的诗篇来的。幸好有些著作的零星介绍印证了本文的推断，比如由中韩联合编著的《韩国古典文学精华》一书在介绍定法师的时候说：“（定法师）6 世纪僧

① （南朝梁）刘勰著，范文澜注：《文心雕龙注》，人民文学出版社，1958 年，卷二第 67 页。

② 逯钦立辑校：《先秦汉魏晋南北朝诗》，中华书局，1983 年，陈诗卷九，第 1310 页。

③ 同上，梁诗卷二十七第 2095 页。

④ 同上，陈诗卷十第 2622 页。

人，中国陈朝时来中国留学。其五言古诗《孤石》，是韩国最早的五言汉诗。"① 这段文字介绍与本文的论述正好吻合，可以说这首诗是一首由五古向五律发展的过渡性作品，其不但在中国文学史上具有重要的阶段性意义，对朝鲜半岛文学来说同样重要。

最后还有一个小问题需要探讨，那就是这首《咏孤石》所写的景物到底是什么地方，关于这个问题至今没有任何资料可以参考，也没有人进行考证，大略有鄱阳湖、庐山等几种说法，然并无直接证据，所以无法考证。由于有关定法师的文献相当有限，所以我们现在所做的工作也只有这些了，不足之处也只能等待有新的材料发现之后再来印证。古人的错我们有责任为之纠正，并希望有关人士在阅读或者重版这些典籍的时候能够把类似的错误改正过来，尤其这首诗，虽然只一个诗人的一首诗，但在朝鲜半岛文学史上的意义却是不容忽视的，在我国诗歌史上同样具有一席之地。

四、《咏孤石》诗的历史评价

《采菽堂古诗选》：颇见孤高。

《鄱阳湖历代诗词集注评》：此诗末尾两句点睛之笔，最有生气。

《韩国古典文学精华》：其五言古诗《孤石》，是韩国最早的五言汉诗。

《东北文学史》：这是一首歌颂美丽山河的抒情写景诗。平湖边上一尊孤石直立高空，湖水的波浪冲刷着岩根，石湖边上的树被风刮得不停地摇荡，加上湖中之影与云天之霞的映衬，更显得优美风凉。远看孤石独拔群峰之外，高耸白云之中。"独拔群峰外，孤秀白云中"，也暗寓着诗人超然物外、清高自许的情思。

---

① （中）陈蒲，（韩）权锡焕编：《韩国古典文学精华》，岳麓书社，2006年，第165页。

新发现的汤显祖为母家——广溪吴氏族人所作《墓志铭》考

刘昌衍

2016年12月4日（星期天），寻着临川杨友祥先生《找到广溪》（《魅力汤显祖》团结出版社2015年8月第一版）一文中提供的临川区青泥镇广溪吴家是汤显祖母亲家的信息，笔者与朋友一行四人驱车来到这里。本意是想浏览一下《族谱》，拍几张照片，以作资料留存。族人吴伙生在明白了来意后，热情地把我们从镇上领到老吴村，取出《广溪吴氏六修族谱》残谱与1993年重修的《广溪吴氏七修族谱》。如同村前扎根在抚河堤岸上的千年大樟树一样，这是一个具有悠久历史的大家族。然而遗憾的是，无论是《六修》还是《七修》，都存在着程度不同的残缺。但是，它不仅仍然保留有杨友祥先生发现的汤显祖与他的学生陈际泰写的吴氏祠堂古堂联，而且更令我们惊喜的是，还有汤显祖撰写的两篇《墓志铭》。经检索，这是新的发现。文中所叙述的数次在母家的情形，是汤显祖与母家亲密交往的真实记录，惜墨如金间，填补了汤学研究中诸多的空白。

为此，笔者对这两篇《墓志铭》分别进行了句读与必要的注解，并对其真伪进行了考证。

一、《宠十七公墓志铭》

赐进士第南京礼部祠祭司主事

愚甥汤显祖顿首拜撰并题盖

本郡乡之南去羊城[1]七十里，八十五都[2]广溪吴姓者，乃予母族也。以庚午领乡、荐辄礼围，尝出外家，时有元舅、宠十七公，昕夕共谈笑。而外大父道六公、外王母赤堪[3]张俱仙逝。迨癸未京试及第，授礼部郎，赍敕荣归，二舅氏犹忻然往贺。至数岁，二舅抵予官舍，把酒自娱，洎从南京至家，不数日，遂以疫终，一别不获见焉。吾舅平生嗜于酒，不治家务，荦荦一散人也。舅之为人仁厚，其心愿朴，其貌清羸，其体在乡闾宗，虽睚眦不形于色，恶语不发于声，惟靡靡循顺而已。吾舅讳惑，字德明，号少山，与元舅养所君、吾家蕊大夫人，皆外大父道六公、外母张出也。舅生于嘉靖乙未年四月二十九日亥时，卒于万历已丑年三月十九日子时。厥子遍觅幽，未得安宅，停柩本里十五祀。越万历三十二年正月旦日，癸丑寅时，始纳诸圹，考卜吉兆奉棺，葬王家陂西山，卯向兼辛乙，永保终吉。舅娶塔下[4]李，生子阡[5]也、陇也、障也，女贵英。邗娶曾氏，生子二，长日信，次日伟；女三，长配樟山王，次赛姑、传姑；女贵英适赛源郑。予弟邗，偕弟颠惶诸予宅，言舅文以载公状用，志于碑石，垂之不朽云尔。予甚喜，慨然为铭。曰：

归墟征郁　郁□封堂　维舅之藏　潜德声闻　世袭其昌

我居林下　备载行状　勒辞于石　万世允藏

孤哀子：隆七、隆十三、隆十七同泣血立石

【注考】

［1］羊城：古时抚州城西北部有一山，其山有一石破土而出，似羊角，名羊角山，其东北低处有一石横出，似羊脚，称羊脚石，故抚州城别名“羊城”。

［2］都：古时的一个行政区划制。八十五都位于现在的临川区青泥乡。

［3］赤堪：地名，待考。

［4］塔下：地名。现为临川区鹏田乡邓坊塔下村。因村舍傍丘岗而立，舍前都有较高的台阶，形似塔，故取名塔下。

［5］生子阡：此“阡”，及下句中的“邗”似为同一人，具体是哪个字的错误，无考。

二、《养所公郑氏孺人墓志铭》

临汝崇德乡[1]八十五都广溪吴母郑孺人，乃清溪[2]郑公桥之女也。桥公家赀累万，常以好施为德，与吾外大父东山公为姻娅焉，故孺人予之大妗。配子元舅养所公，享齐眉之庆，谐琴瑟之和，自合卺至皓，未尝反目。而公为昭武之德人，母亦为南乡之贤妇，娴于姆，训贻诸嫔，则举一切家务不烦，拮据而自理，即中馈之事，不必代庖而治之矣。孺人与吾舅共乐田园，甘其食，美其服，安其居，优游以卒岁已耳。予少为诸生时，尝读书外家，孺人视予、犹予、追予。登进士入官兰省，不得勤侍左右，徒遣使问候而已。子上言远谪，复过外家，而舅妗怡然。妗堂不数年，忽元舅告终，甚哀之。喜孺人独健，长舅十余龄，享春秋七十有六，寿亦永矣。第少年艰于子，苦于悲伤，舅惟恐其寿之不长，不意比公犹为难老。且有子亭亭，有孙英英，是吾舅与孺人之食善报也。生子二，曰宽、曰郁，皆克勤乃家，守前人之产，绍箕裘而不坠厥声。固元舅以静守者，而二即能以动创乎。则孺人食肉终身，得享安逸者，恃有能子在，盖生可无忧，殁当瞑目矣。其与子宽，娶于郑；又与子郁娶于张、于李，俱有思媚之德，此亦孺人之乐。所不容已者。宽之子衢也、俸也、俨也、伍也；郁之子启也、选也、献也、泰也。女一，适于聂，则后裔之昌，虽天所锡夫，非孺人之德所致，平孺人之子繁，孺人之子其子又繁，螽斯之盛，正以见其麟趾之仁，一传再传，世世相传，不知其几千万派也。予为孺人喜，且为元舅子孙喜。予家富且贵且多男子，而舅家之多男子，亦必富且贵也。予时告老于家，适外弟郁，跟予为铭，纳绪幽以垂不朽。据，孺人生于嘉靖庚寅年八月初九未时，卒于万历乙巳年九月十六日亥时。兹卜万历庚戌年九月初四日辰时奉柩，葬于本里八十一都蟠龙窠。首庚趾甲，附祖冢以襄事云云。铭曰：

山色苍苍　木光茫茫　佳气葱郁　淑人是藏　卜云其吉
终焉允藏

如天之永　如地之长　祚延万古　厥后克昌　用勒斯石
巩固无疆

赐进士第南京礼部清吏祠祭司主事愚甥汤显祖顿首拜撰

南京国子监监生除授福建建宁府府判愚甥汤凤[3]书丹

延甥禀生汤开远[4]篆额

明万历三十八年庚戌岁九月初四日

孤哀子：宽、郁；孙：衢、俨、伍、献、俸、启、选、泰；重孙：蘊、藩、蒲、萼仝泣血立石

【注考】

〔1〕临汝：临川建县始于东汉和帝永元八年（96）。因境内有临、汝二水，故初名临汝，归临川郡管辖。崇德乡：古时的崇德乡为今腾桥、鹏田、以及南城县沙洲镇的黄狮渡所构成。

〔2〕清溪地名。现为临川区云山镇清溪村。

〔3〕汤凤：从《铭》文看，应与汤显祖是同辈的兄弟。查阅《文昌汤氏宗谱》并无“汤凤”此人。而汤显祖的同胞兄弟汤奉祖，在《谱》中，“奉”“凤”两字尽管有混用现象，但功名与《铭》文中的汤凤也不尽一致。《谱》载“凤祖，字廷仪，万历癸巳由禀恩选进士赏太仓州判”“奉祖由学生任太仓通判”。且宣统《太仓州志》卷十一职官表·判官：汤凤祖，江西临川人，监生。而康熙《建宁府志》职官·府判，有一汤姓，但名盤，且任职年号为“宣德间”，相距甚远。故待考。

〔4〕汤开远（1598—1640）：字伯开，汤显祖第三子，时年13岁。万历四十三年（1615），18岁时由举人授怀庆府推官。

三、具考

由于诸多的原因，我们今天能看到的《广溪吴氏六修族谱》只剩下一册，《七修》谱中也注明有三代人的丢失，而无法还原明清时期广溪吴氏人口沿袭的清晰面貌，甚至于连汤显祖外祖父的名字都查阅不到。但从《族谱》以及现存的汤显祖诗文中，我们仍然可以得到充足的印证。

（一）广溪吴家是汤显祖母家考：

第一：在《广溪吴氏七修族谱》的谱序中，留有大量的文献，其中在《新修大祠记》文后，附有三幅古堂联，其第二幅为汤显祖所作：

忠孝相传　宣君不受宣①善老端行　善引千年叠嶂金峨

公侯必复　宅相前开宅②庭兰盛绕　庭看万里高云玉马

——赐进士　外孙汤显祖顿首拜题

第三幅是汤显祖的学生陈际泰所题：

白马望深　延陵季子为高祖

石羊城左③义仍先生是外孙

——赐进士　陈际泰题④

陈际泰题写的堂联，还把汤显祖的字号“义仍”二字镶于其中。

---

① 宣君不受宣：前一宣，人名，宣公。吴氏江南始祖。后一宣，动词，宣封。

② 宅相：外甥的代称。

③ 石羊城左：临川城古称羊城，汤显祖的玉茗堂坐落于城东，左方位。

④ 陈际泰：（1567—1641），字大士，号方城，江西临川鹏田陈坊村人。崇祯三年（1630）庚午科中举；崇祯七年（1634）甲戌科刘理顺榜进士。明末古文家，“临川四大才子”之一。

在《族谱》中，我们还发现有汤显祖的儿子——汤开远于万历四十五年（1617）撰写的《恭所公暨李孺人墓志铭》。此《铭》中的恭所公，与汤显祖所撰《养所公郑氏孺人墓志铭》中的养所公，是父子关系。汤显祖父子先后为舅父父子撰写《墓志铭》，足见其来往之频繁，关系之密切了。

第二：汤显祖《哭外翁吴公允频》[①] 诗曰："并道青泥旗市开，谁言大隐即仙才"，既是说外公在青泥是声名浩荡，也表明青泥是母家所在地了。在《宠十七公墓志铭》中更是清晰地表述为"本郡乡之南去羊城七十里，八十五都广溪吴姓者，乃予母族也"。

然而，青泥并没有一个实际的地名称广溪，又怎样确认它呢？《广溪吴氏族谱》载有一份撰于宋开庆己未年（元年，1259）的《广溪始祖厚传公》，曰："我公厚观清泥盘因山水之秀，由长乐乡[②]石井迁而居焉，名其地曰：上庄。上庄者，即今之广溪也。"其迁入时间为宋天圣二年（1024）。

第三：据1986年版《江西省临川县地名志》，现在的青泥乡共有吴山、老吴、新吴、吴梅四个吴姓居住的自然村，共计三百多户，但都是由老吴村发支出去的，同为"广溪"吴氏一谱之族人。

以上史料表明，青泥广溪吴家确是汤显祖母家无疑。同时，汤显祖撰写的堂联中"宣君不受宣"句，还记录了一段失载了的隐秘历史，非常引人注目。其注脚在《族谱》中保存的历代承袭下来的始祖宣公夫妇的木刻版画像及诗中："不膺王爵孟家封，跋涉云山几万重。来向江南为始祖，后人千古仰高风。"《谱》中的《宣公行迹实录》说，宣公旧居西蜀阆州巫锡山，娶蜀王孟知祥之女。"元泰年（后唐应顺元年，公元934年）甲午蜀将吏，极劝知祥称帝，遂即皇帝位于成都，国号大蜀。于是年为明德元年，封吾曾祖曰驸马宣城公、曾祖母曰公主孟氏夫人。知祥在位不一年而殂，太子仁赞即皇帝位，更名孟昶，未改年号，加封宣公为蜀王。宣公乃修德之长者，昼夜恐惧而有远虑，不膺王爵，竭家徙于江南。"孟知祥称帝建立后蜀国是载入了正史的，但对女儿孟延意婚配给了谁，至今仍然悬而未决，是否就是这位江南吴氏始祖宣公呢？不过这是另外一个尚待考证的课题了。在《广溪吴氏族谱》中，还载有宋末政治家、文学家文天祥

---

① 徐朔方笺校：《汤显祖全编》上海古籍出版社，2015年，第273页。

② 长乐乡：为现临川区罗针镇、云山镇，进贤县的文港镇、温圳镇，丰城县的筲港乡，南昌县的白马乡等所构成。

为宣公画像的题词①。

（二）汤显祖诗文与两《铭》之互证：

其一：落宿广溪事件的一致性。《养所公郑氏孺人墓志铭》中："子上言远谪，复过外家"句，与汤显祖在其诗文《初发瑶湖次宿广溪》② 中"星谪郎官远"是同一事件的不同叙述。汤显祖宦海 15 年，万历十九年（1591），因一疏而贬谪广东徐闻。这年九月初从临川出发，途中写下了许多诗句，第一首既是《初发瑶湖次宿广溪》，"星谪郎官远"行而"复过外家"。青泥与临川相距七十余里（而不是《汤显祖全编》中笺注的"临川东南二十余里"），且逆水而上。古时的木船仅是摇橹，第二天到达青泥，已经是披星戴月了，故有"次宿广溪"之。至于"外家依广下"句，《全编》笺注，"广下"既是指广溪。笔者认为，这样判定并不完整，容易造成歧义。因为广溪并非实际地名，也没有"广下"的称法。诗句语言往往是宽泛的。在以水路外出为主的古代，依水流方向划分地理方位，不仅是一种语言习俗，而且是临川方言中的一个组成部分。如南昌是抚河的下游，在临川方言中，到南昌去就成为下南昌了；而南城是抚河的上游，去南城便为上南城了。江西与广东接壤，循水路行走，江西境内都是逆流而上，故"外家"（江西）就是广东的下方了。再说"中国向穷边"句，在临川方言中，地理方位也简称为"边"。如东南西北四个方向，不管远近，口语都可说成东边、南边、西边、北边。徐闻是中国最南的穷乡僻壤，自然就是穷边了。所以，将此诗句置于临川方言语境中理解，不仅通顺，并且也更契合诗人此时的心境。

不止于此。两《铭》中所述"庚午领乡、荐辄礼围……癸未京试及第，授礼部郎，赍敕荣归"，不仅与史实相契合，而且"予少为诸生时，尝读书外家"，以及在南京时，"二舅抵予官舍，把酒自娱"等，还填补了与汤显祖与母家亲密交往以及少年学习生活的空白。

其二：人物品性描画的相似性。如对母家族人爱酒的描绘：外公是"七十三岁，行无二心；六百余烟，谈惟一口""爱客偏浮太白杯"（《哭外翁吴公允频》）。此处的"偏浮太白杯"，无疑指的是外公喜欢饮酒，其爱酒到了"六百余烟，谈惟一口"的程度了；而宠十七公则是"把酒自娱……平生嗜于酒，不治家务，荦荦一散人也"（《宠十七公墓志铭》）。都

① 文天祥《题宣公像》（全文）：世以谱传而不能以像传，能并传者必先人之德泽垂世，而可绎思者也。吴氏谱像灿然传数百年，而不替子孙。瞻先人之像，读先人之谱，而不兴仰止之，未之有也。

② 徐朔方笺校：《汤显祖全编》上海古籍出版社，2015 年，第 626 页。

是寥寥数语，但都把外公与二舅爱酒嗜酒的习性描画得惟妙惟肖。而且外公“偏浮太白杯”的爱好，还遗传到了其他家人。以至于甥舅见面，“赋诗耆旧引，尊酒乐人传”（《初发瑶湖次宿广溪》），其乐融融的场景栩栩如生。现代医学研究表明，嗜酒对后代身体的危害是极大的。按照这一思路发散推理，还能得知，汤显祖母亲“吾家蕬大夫人[①]”为何虚弱多病，汤显祖为何从幼“清羸故多疾”（《三十七》[②]），一生“酒盏都成药碗香，病禁风雨两蒲阳”（《辛丑五日又病，听稚儿念书》[③]）的源头了。

在汤显祖的笔下，诗文中的外公还具有“防身不用流黄剑”的品性，而《铭》中大舅同样具有“昭武之德”。也就是说，都不是强势之人。外公是“风流郑重，良深长者之风”，而二舅“为人仁厚”，大舅“虽睚眦不形于色，恶语不发于声”。尽管是对两代人的不同描写，但诗句与《铭》文的措辞，达到了几乎可以置换的程度。

遗传的力量在于悄无声息，然若无亲密无间的“昕夕共谈笑”（《宠十七公墓志铭》），要作出如此形似的描写，是绝不可能的。这也是笔者得出推考结论的重要依据之一。

其三：人物名称的对应性。《初发瑶湖次宿广溪》序中的“别吴十一舅、隆八弟”，在两《铭》文中我们没有看到，但从《宠十七公墓志铭》的落款“孤哀子：隆七、隆十三、隆十七同泣血立石”中，可以推断，“隆八弟”是二舅宠十七公之子，不过其时已经去世，否则碑文上也是有他名字的。“吴十一舅”由于《族谱》不完整故待考。

（三）落款之疑与推考：

由于我们所看到是后人印制在族谱上的文字，并非是出土石刻原作，所以也发现“赐进士第南京礼部祠祭司主事　愚甥汤显祖顿首拜撰并题盖”“赐进士第南京礼部清吏祠祭司主事　愚甥汤显祖顿首拜撰”的落款，以及堂联“赐进士外孙汤显祖顿首拜题”的落款，其功名部分疑为后人所附加。因为，从语句分析，其功名部分与“愚甥”“外孙”的称谓形成重叠关系。从情理分析，在为自己长辈撰写的《墓志铭》上前辍功名，难免有标榜之嫌。这与我们所看到的万历三十四年汤显祖为祖母魏夫人撰写的《墓志铭》原作，只署“孝孙显祖泣血立石”相比较，就足见其疑了。当

① 吾家蕬大夫人：汤显祖的母亲。在这之前，我们所能知道的只是汤显祖的母亲姓吴，而并不知其名“蕬”。至于“大夫人”的称呼，除了对自己亲生母亲的尊崇之外，还在于父亲汤尚贤后来又“复娶李氏孺人”《文昌汤氏宗谱》。

② 徐朔方笺校：《汤显祖全编》上海古籍出版社，2015 年，第 409 页、。

③ 同上，第 872 页。

然与自己同辈的亲人撰写《墓志铭》又不一样，恰当地前辍功名，反而能为逝者增添荣耀。如同为万历三十四年（1606）为夫人吴孺人所作《墓志铭》原作，落款“进士出身南京礼部祠祭司主事汤显祖雪涕立石”，当如此。且无落款称谓重叠与赘意。故此推论，《广溪吴氏族谱》所载三佚文落款的前缀功名，是修谱者唯恐人们不知汤显祖赫赫大名而妄加的。

综上所考，这两篇《墓志铭》，无论是从史实依据或写作风格等全方位考证，均为汤显祖所作。两《铭》中所记载的汤显祖与母家族人的交往等诸多情况，在以往的汤显祖研究资料中，均未有记载，而足显其珍贵。又据查阅2015年12月出版的《汤显祖全编》，以及其他地方史志文献及其刊物，都没有这两篇《墓志铭》的相关信息，故确定为新发现而无疑。其原因：一是《族谱》存放的神圣性。按照当地的习俗，每年只有农历正月初一“写谱”（既将前一年出生的男丁登录到谱中），六月初六“晒谱”（既晾晒，防止霉变）才能查看，其他时间是不容轻易触动的。二是《广溪吴氏族谱》较为繁杂，收存的文献较多，仅谱序就有两册。而汤显祖撰写的堂联与《墓志铭》，分列在两册不同的类目之中，难以发现；三是“广溪”二字，古体“廣”字里面有个“黄”字，吴氏族人至今仍然固执地讹读为“崖（aǐ）”，于是“广溪”成了“崖溪”，相距甚远。所以几百年来外人无以知晓。直到2014年9月，临川区的杨友祥先生在吴家村采访，偶然间获此信息，发现并披露了汤显祖等撰写的堂联，才撩开了些许的面纱。

参考文献

［1］徐朔方笺校：《汤显祖全编》，上海古籍出版社，2015年。

［2］《临川县志》，清同治九年刊本，成文出版社有限公司印行，1989年。

［3］临川县人民政府地名办公室编：《江西省临川县地名志》（内部资料），1986年。

［4］《广溪吴氏七修族谱》，1993年重修。

［5］《文昌汤氏宗谱》（七修），清光绪三十二年。

唐《吕煜墓志》与吕洞宾身世考辨

王　沛

吕洞宾为中国道教全真派鼻祖之一，钟吕内丹派代表人物，屡受皇家诰封，人称“八仙”之一，颇为传奇。而对其身世行状，却众说纷纭，累世不绝。时至今日，仍争论不休。一般的说法是：吕洞宾，名煜，又名岩，号纯阳子，河中人。唐礼部侍郎吕渭之孙、海州刺史吕让三子。

近日，唐吕让三子《吕煜墓志》惊现洛阳。这方墓志，关涉道教名人吕洞宾，又为唐代名士吕温家族墓志。它的发现，从一个方面讵谬正史，为考订吕洞宾的身世和生平提供了第一手的资料。兹对《吕煜墓志》浅做释考，并将其与典籍记载的吕洞宾之相关问题，志传互证，揭其异同，略做简述。为叙述方便，不致混淆，且将志主吕煜与传记吕洞宾分而述之。

一、《吕煜墓志》简介

《吕煜墓志》，志石为青石质，高 45.5 厘米，广 48 厘米，厚 8 厘米。志文楷书，凡 24 行，满行 24 字，共 540 字。首题“唐故东平吕府君墓志铭并序”。志盖高 46 厘米，广 47.5 厘米，盝顶，四刹饰阴刻线四神及牡丹花纹。盖顶篆书“唐故东平吕府君墓志”，3 行 9 字。吕烨撰，刘瑛书。

兹录志文如下：

唐故东平吕府君墓志铭并序

季弟烨撰　故吏刘瑛书

君讳煜，字庭辉。河中河东人也。其先裔绪备于大王父志文，不敢具举。曾祖延之，皇浙江东道节度使。祖渭，皇湖南观察使。先公讳让，皇秘书监致仕。太夫人在堂。长兄焕，守道夷旷，优游鹿门。次兄焜，见任鄂岳团练判官。季弟烨，举进士。烨小君一岁，始幼学，追状室，未尝一步相舍。悉君文学孝行，直笔不文。君九岁为诗，有大雅之体；十三作赋，得屈宋之风；十五修文，臻班马之境。每为大贤作者称许，事不敢诬。无何，往年染疾室昕，郁郁不乐，治疗不疗。洎今天子咸通初，方举进士，连不中第。而文章名大，人人龟镜。值知己掌文柄，黜君于三场。君誓曰：本以文进，今以病黜，命也如此，决然而休。侍太夫人甘滑，有先贤之操；闺门雍睦，得古人之风。药膳之外，集所著文赋诗笔语，勒成十五卷，有以见君文学孝行，不荒坠全矣。无何，今怀守李公以君白衣价高，强辟君于莲幕。六年夏，侍板与赴鄂，秋八月却归于怀，不幸染痼疾累月，百医不能疗。骨肉在远，誓不遣报，达道不挠，以至弥留。其年十二月三十日竟终于怀州之官舍，享年三十有九。以咸通七年二月十四日归窆于北邙先茔。礼也。君所母子二人，幼稚在太夫人左右。呜呼痛哉！君生为名士，殁作冤人，不縻好爵，不享上寿，□□而夭。昊天何辜？冤乎！痛乎！烨，君爱弟也，以家传遗范，不假笔于人，故略纪君文行，衔窆痛心，敬为铭曰：金化精兮玉化英，为君之质作君形，文学孝行播声名，禄寿未臻归泉扃，愿君冤气彻太清，集精英兮作妖星。北邙前，清风原，愿芳魂，游其间，恨泪为泉兮无终年！

志载："君讳煜，字庭辉。河中河东人也。"检《新唐书》[①]卷三九《地理志》，河东郡（今山西永济），唐为蒲州，开元八年（720）置中都为府，旋复为州。乾元（758—760）时复改为河中府。吕氏出姜姓，吕尚封于齐，十九世孙康公迁于海滨，后世子孙有迁东平（今属山东）者，故东平为吕氏郡望[②]。《元和姓纂》[③]卷六载，"东平吕氏"有"河东吕氏"分支。据此可知，吕煜郡望东平，籍贯河东。籍贯乃一个人祖居或出生之地，与郡望可同为一地，亦可不同于一地。故《吕煜墓志》盖篆"东平吕府君"，而志文述为"河中河东人也"。二者并不矛盾。

志载，吕煜"曾祖延之，皇浙江东道节度使。祖渭，皇湖南观察使。先公讳让，皇秘书监致仕"。

吕煜曾祖吕延之，《旧唐书》卷十本纪第十有载[④]："己巳（789），以明州刺史吕延之为越州刺史，充浙江东道节度使。"

吕煜之祖吕渭（734—800），两《唐书》有传。渭，字君载，举进士，

① （宋）欧阳修、宋祁等：《新唐书》卷三十九志二十九，中华书局，1975年。

② （宋）欧阳修、宋祁等：《新唐书》卷一百六十八列传九十三，中华书局，1975年。有"东平吕温"之说。

③ （唐）林宝撰，岑仲勉校记：《元和姓纂》，中华书局，2012年，第870页。

④ （后晋）刘昫等：《旧唐书》，中华书局，1975年，第299—300页。

历官永康令、大理评事、太子右庶子、礼部侍郎，后以事出任潭州刺史、湖南团练观察使。渭有四子：温、恭、俭、让。吕家为唐代世宦名门，吕温兄弟四人皆有才名，以文学称世。

吕煜之父吕让（792—855），《旧唐书》卷一百三十七列传第八十七《吕渭传》记："让至太子右庶子。"[①]《全唐文》[②] 卷七百十六记："让，潭州刺史，渭子，官太子右庶子。"《登科记考》[③] 卷十八记其"元和十年（815）中第"。根据《吕让墓志》[④]（二十世纪三十年代洛阳发现）："吕让，字逊叔。……让进士上第，历官蓝田尉、三原令、海州刺史，罢郡任万年令、右庶子等。"综合志传，基本相合。

《吕煜墓志》显示，吕煜昆仲四人："长兄焕，守道夷旷，优游鹿门。次兄焜，见任鄂岳团练判官。季弟烨，举进士。"而《吕让墓志》[⑤] 载："公五子，长曰焕，抱病无□，永负慈训……次曰焜，前乡贡进士，克嗣门业，能成家道；次曰煜、曰炫，修文绍进，已获时誉；季曰烜，不幸劳疾，先公十有二旬而夭。女四人，二人早亡，二人在室。"实际上，吕煜兄弟五人：焕、焜、煜、炫、烜。煜行三。炫与烨应为同一人，《吕让墓志》与《吕煜墓志》所记异名，推测可能是吕炫在吕让死后易名。《吕煜墓志》为吕烨亲撰，除署名外，且于志文中两次提到自己的名字，不可能有误。烨撰煜志时，烜或早已夭亡，故未记之，或有其他原因，不得而知。

吕煜的一生，墓志简为叙述。他一生病痛缠身，郁郁不得志。志载他九岁为诗，十三作赋，十五修文，才比屈（原）宋（玉）班（超）马（司马相如）。咸通（860—874）初年（应在咸通六年之前，即公元 865 年）举进士，连不中第。他的朋友主考，晓知其病情，不许他参加考试，"黜君于三场"。他也只有悲叹自己的命运不济，从此放弃了科考，在家中侍奉母亲。此间，他笔耕不辍，"集所著文赋诗笔语，勒成十五卷"。只可惜其所著文集，具体内容，无法得见。

墓志记述了吕煜的一次外出。他因白衣（无功名）才高，被当时的怀

---

① （后晋）刘昫等：《旧唐书》卷一百三十七列传第八十七，中华书局，1975 年，第 3770 页。

② （清）董诰辑：《全唐文》卷七百十六，清嘉庆内府刻本。

③ （清）徐松：《登科记考》卷十八，清《皇清经解续编》本。

④ 陈长安主编：《隋唐五代墓志汇编 · 洛阳卷》，天津古籍出版社，1991 年，第 14 册第 158 页。

⑤ 同上。

守，即怀州（今河南沁阳一带）刺史李从矩强辟为莲幕，即幕府。李从矩[①]，《新唐书·宗室世系表上》大郑王房载“怀州刺史从矩”，乃咸通时山南西道节度使李从晦之兄。唐咸通六年（865）夏天，吕煜随侍李公赴鄂州，即今湖北一带，八月即回怀州，却不幸旧疾复发，其年十二月三十日，终于怀州官舍。享年仅三十九岁。死后葬于邙山大茔，即墓志铭文中点出的“清风原”，地在今河南洛阳市孟津县平乐镇一带。吕煜及祖吕渭、吕渭继室柳氏、父吕让、叔吕恭等人均葬于此，皆有墓志出土。

撰者吕烨为志主季弟，其文辞简约，善于用典。书者刘瑛无考，书法峻健，亦可称述。

吕氏家族碑志皆由家人撰写，世有传统。王谠《唐语林》[②] 载：“吕衡州温，祖延之，父渭，俱有盛名，至大官。家世碑志不假于人，皆子孙自撰。”《吕煜墓志》由吕烨亲自撰写，明言：“以家传遗范，不假笔于人。”其他尚有《吕渭墓志》[③]，其子吕温撰文，吕恭书丹；吕渭继室《柳氏墓志》[④]，吕温撰文；《吕让墓志》，吕焕撰文。皆文情并胜，所记家世，更应无误。

三、《吕煜墓志》与传世文献中关于吕洞宾记载异同考辨

如果根据传世文献的记载：吕洞宾，名煜，吕渭之后，吕让三子，那么《吕煜墓志》就应该是吕洞宾生卒籍贯、世系生平的明证。然而，传世文献与出土文献的记载差异，却让我们不得不思考，即吕煜是否即为传说中的吕洞宾？现将传世文献与《吕煜墓志》的记载异同简作考辨，以供方家研究。

1. *身世考辨*

关于吕洞宾身世，历代文献记载较多者，多为其自称：名岩，字洞宾，河中府人，吕渭之孙。渭四子，温、恭、俭、让，让终海州刺史，洞宾系出海州房。有关记载，北宋初《杨文公谈苑》[⑤] 言：“吕洞宾者，多游

① 郁贤皓主编：《唐刺史考全编》，安徽大学出版社，2000 年，第 682 页。

② （宋）王谠：《唐语林》，上海古籍出版社，1991 年，第 44 页。

③ 陈长安主编：《隋唐五代墓志汇编·洛阳卷》，天津古籍出版社，1991 年，第 14 册，第 158 页。

④ 同上。

⑤ （宋）杨亿撰，李裕民校点：《杨文公谈苑》，上海古籍出版社，2012 年，第 58 页。

人间，颇有见之者。丁谓通判饶州日，洞宾往见之，语谓曰：'君状貌颇似李德裕，它日富贵皆如之。'谓咸平初，与予言其事，谓今已执政。张洎家居，忽外有一隐士通谒，乃洞宾名姓，洎倒屣见之。洞宾自言吕渭之后，渭四子，温、恭、俭、让。让终海州刺史，洞宾系出海州房，让所任官，《唐书》不载。索纸笔，八分书七言四韵词一章，留与洎，颇言将佐鼎席之意。其末句云'功成当在破瓜年'，俗以破瓜字为二八，洎年六十四卒，乃其谶也。洞宾诗什，人间多传写，有《自咏》云：'朝辞百越暮三吴，袖有青蛇胆气粗。三入岳阳人不识，朗吟飞过洞庭湖。'又有'饮海龟见人不识，烧山符子鬼难看。一粒粟中藏世界，二升铛内煮山川'之句，大率词意多奇怪类此，世所传者百余篇，人多诵之。《类苑》卷四十三。"宋范致明《岳阳风土记》① 记载："……先生名岩，字洞宾，河中府人，唐礼部尚书渭之孙。渭四子，温、恭、俭、让，让终海州刺史，先生海州出也。会昌中，两举进士不第，即有栖隐之志。去游庐山，遇异人授剑术，得长生不死之诀。多游湘潭鄂岳间，或卖纸墨于市，以混俗人，莫之识也。庆历中，天章阁待制滕宗谅，坐事谪守岳阳。一日有刺谒云'回岩客'，子京曰：'此吕洞宾也，变易姓名尔。'召坐置酒，高谈剧饮，佯若不知者，密令画工传其状貌，既去，来日使人复召之。客舍主人曰：先生半夜去矣。留书以遗子京，子京视之，默然不知所言何事也。今岳阳楼传本状貌清俊，与俗本特异。"宋叶梦得《岩下放言》② 云："世传神仙吕洞宾，名岩，洞宾其字也，唐吕渭之后，五代间从钟离权得道。"金袁从义《有唐纯阳吕真人祠堂记》③ 云："真人讳岩，字洞宾，道号纯阳子，世为河中永乐人。"元赵道一《历世真仙体道通鉴》④ 说："先生吕岩，字洞宾，号纯阳子。世传以为东平人。一云西京河南府蒲坂县永乐镇人，即今河东河中府也。曾祖延之，仕唐终浙东节度使。祖渭，第进士，德宗贞元中官至礼部侍郎，晚为潭州刺史。有四子，曰温，字化光，官至衢州刺史；曰恭，岭南府判官；曰俭，为御史；曰让，历太子右庶子，或曰终于海州刺史。先生乃让之子也。贞元十二年丙子四月十四日生于林檎树下。少聪敏，日诵万言。至文宗开成二年丁巳擢举进士，擢第时年四十二岁。……一云武宗会昌中两举进士不第……"又有说其为唐宗室，避武氏之祸，挟妻而盾（遁），因易吕姓；以山居，故名岩，字洞宾；妻又死，号

① （宋）范致明：《岳阳风土记》，大象出版社，2006 年。

② （宋）叶梦得：《岩下放言》，清光绪《郎园先生全书》本。

③ （金）袁从义：《有唐吕真人祠堂记》，金正大五年（1288）二月六日立石。

④ （元）赵道一：《历世真仙体道通鉴》卷四十五，明正统道藏本。

纯阳子。明王世贞《列仙全传》[①]："吕岩字洞宾，唐蒲州永乐县人。祖渭，礼部侍郎。父让，海州刺史。贞元十四年四月十四日巳时生。因号纯阳子。"

关于吕煜，明吕本《余姚新河吕氏家乘》[②] 记载："让，渭之第四子。登元和十五年（820）进士，历海州刺史，太子右庶子。子三。曰焜，登大中七年（853）进士。曰烨，登咸通十四年（873）进士。曰煜，会昌中，两举进士不第。更名岩，字洞宾。游庐山。遇钟离子，授金液大丹之术。往来湖湘间。俱有吟咏。号纯阳真人。柳宗元序。"清吕治平纂修《吕氏家谱不分卷》[③] 前有宋代吕渊撰《吕氏世袭诗》，其中说到："让生三子，两登进士，焜登员外，晋州刺史，烨第咸通，煜为不仕，修道庐山，洞宾仙是。"又有《暨阳开化吕氏宗谱》[④] 记载，让"三子：长焜，大中七年（853）进士；次烨，咸通十四年（873）进士；幼炳，又名煜，会昌中两举进士不第，游庐山，更名岩，即洞宾往来湘湖间，让之派也"。可以看出，世传文献多将吕洞宾与吕渭之后、吕让之子的吕岩联系起来，吕氏家谱则明确称吕煜更名岩，是为吕洞宾。然而，吕煜更名之说，在《吕煜墓志》中并无体现。墓志的出现，更正了家谱所载。吕让的第三个儿子名煜，字庭辉。吕洞宾除了"又名"吕煜之外，余皆不合。

2. 生卒年考辨

吕洞宾的生年，有多种说法。普遍的说法是生于唐德宗贞元年间（785—805），如元初赵道一《历世真仙体道通鉴》[⑤] 谓生于贞元十二年（796）。其他，尚有早自太宗，迟至僖宗时人的说法。明万历《续道藏》所收《吕祖志》、清乾隆年间刊刻《吕祖全书》均采用"贞元十四年（798）"说[⑥]'根据前文所引明王世贞《列仙全传》之说，若吕洞宾果为吕让之子，贞元十四年（798）时，吕让（792—855）年仅 7 岁，根据《吕让墓志》，此说不确。至于吕洞宾的年龄，《宋史》[⑦] 说他"年百余岁"。吴曾《能改斋漫录》[⑧] 中岳州石刻《吕洞宾自传》云："吾乃京兆

① （明）王世贞：《列仙全传》，广陵书社，2009 年。
② （明）吕本纂：《余姚新河吕氏家乘》卷五，明刻本，国家图书馆藏。
③ （清）吕治平纂修：《吕氏家谱》，清康熙三十二年家刻本，国家图书馆藏。
④ 吕启桂修，吕捣清纂：《暨阳开化吕氏宗谱》，民国十七年维则堂活字本。
⑤ （元）赵道一撰：《历世真仙体道通鉴》卷四十五，明正统道藏本。
⑥ 尹志华：《吕洞宾生平事迹考》，《中国道教》2007 年第 4 期，第 50— 54 页。
⑦ （元）脱脱等：《宋史》卷四百五十七列传第二百一十六。
⑧ （宋）吴曾：《能改斋漫录》，中华书局，第 437 页。

人，唐末累举进士不第，因游华山……再遇钟离，尽获希夷之妙旨。吾得道年五十。”

《吕煜墓志》载，志主卒于唐咸通六年（865）十二月三十日，享年三十九岁。逆推应生于唐宝历二年（826）。此与前文所述吕洞宾生于贞元十二年（796）或十四年（798）不符。也与上文所述《吕洞宾自传》“得道年五十”不符。如果一个人只活到了三十九岁，并不长寿，世人是不可能称其为仙为祖的。因此所谓的“年百余岁”的吕洞宾与短命的吕煜，不可能有什么关系。

3. 籍贯考辨

吕洞宾是哪里人？主要有三种说法：一是东平人；二是河中人；三是关中、关右、陇右人。《有唐纯阳吕真人祠堂记》[①] 说吕洞宾“世为河中永乐人”，《金莲正宗记》《金莲正宗仙源像传》等道教典籍亦持此说；北宋张方平《华山重修云台观记》言“关中逸人吕洞宾”，宋王举《雅言系述》[②] 言“关右人”，《吕洞宾自传》言“吾乃京兆人”。吕让郡望东平，籍贯河中，曾历官蓝田尉、三原令、万年令，均在关中地区，关中又称关右。既然把吕洞宾说成是吕让之子，其为东平、河东、关中人的说法都是可以的；其他尚有宋王常《真一金丹诀》[③] 称鄂州、南宋邵博《邵氏闻见后录》[④] 称岳阳等说法，似乎都与传说中的吕洞宾行踪有关。

东平与河中，吕氏同宗，前已述及。如果说，吕煜就是吕洞宾，即为东平或河中人，墓志与典籍所载倒是一致。只不过墓志所载的吕煜与典籍中说的吕洞宾，有太多的不一样。而别说为他地人氏，却与墓志所记无涉。

4. 行状考辨

吕洞宾行状，典籍记载多异，传说亦离奇。仅科举一项，就有两种截然不同的说法。《墨庄漫录》《有唐纯阳吕真人祠堂记》《金莲正宗记》等说他得第，其中，《墨庄漫录》称其僖宗时（874—888）进士，《有唐纯阳吕真人祠堂记》称其宝历元年（825）进士甲科；而未中举的说法则更多，《岳阳风土记》《真一金丹诀》《能改斋漫录》等都表示其“屡不中第”。《余姚新河吕氏家乘》《吕氏家谱》《暨阳开化吕氏宗谱》对吕洞宾的记载

① （金）袁从义：《有唐纯阳吕真人祠堂记》，金正大五年（1288）二月六日立石。

② （宋）吴曾：《能改斋漫录》，中华书局，第437页。

③ （宋）王常：《真一金丹诀》，民国十二至十五年影印正统道藏本。

④ （宋）邵博，王根林校点：《邵氏闻见后录》，上海古籍出版社，2012年。

一脉相承，都说其“会昌中两举进士不第”，虽然“未中第”之说一致，但却与《吕煜墓志》所述时间不符，墓志的出现，更正了这一问题。

《吕煜墓志》明言志主“连不中第”、“不縻好爵”，可见吕煜与那个“举进士甲科中选”（《有唐纯阳吕真人祠堂记》）的吕洞宾是没有关系的。而关于不中第的原因，《旧唐书》卷一百三十七[①]说到，吕渭之子温，因弹劾李吉甫交通术士，结怨吉甫，“自后吉甫再入中书，长庆（821—824）以后，李德裕（吉甫之子）党盛，吕氏诸子无至达官者”。但《吕让墓志》[②]中说：“时故相国赵国公李公德裕以公介，欲授文柄者数矣。”《吕煜墓志》中又说：“值知己掌文柄，黜君于三场。君誓曰：本以文进，今以病黜，命也如此，决然而休。”可见吕煜举进士不第，与其常年病体有关，《旧唐书》之说不确。

吕洞宾踪迹，多被神化。如《华山重修云台观记》[③]云：“关中逸人吕洞宾，有剑术，虽数百里，顷刻辄至。”《能改斋漫录》[④]引《雅言系述》说他“携家隐于终南，学老子法”。《唐才子传》[⑤]卷十记载，吕洞宾“尝白裥角带，卖墨于市，得者皆成黄金。往往遨游洞庭、蒲湘、湓蒲间，自称回道士，时传已蝉蜕矣。”对于自己的日常行为，吕洞宾在他的诗中也有所表现，大多放浪形骸，诗酒药丹。如“醍醐一盏诗一篇，暮醉朝吟不记年”“闲来无事玩青山，困来街市货丹药”等。如此吕洞宾行踪万里，飘忽不定，可《吕煜墓志》述其“染疾室听”“侍母于堂”“侍太夫人甘滑”，仅有一次咸通六年（865）夏秋的“赴鄂”，不久即因病归亡。传记和墓志所载有天壤之别。

4. 葬地考辨

吕洞宾卒葬于何处？除了“不知所终”说外，最为彰显的说法是在吕渭故里河东府永乐镇，即今山西省芮城县。该地有元初在“吕真人祠堂”原址上扩建供奉吕洞宾的永乐宫，还有建于元初的“大唐纯阳吕公祖墓”。这个名为吕洞宾的夫妇合葬墓，经过科学发掘，已被否定[⑥]。而“北邙前，清风原，愿芳魂，游其间”的吕煜墓，却是贞珉永铭。

---

① （后晋）刘昫等：《后唐书》卷一百三十七列传第八十七，中华书局，1975 年。

② 陈长安主编：《隋唐五代墓志汇编·洛阳卷》，天津古籍出版社，1991 年，第 14 册第 158 页。

③ （宋）张方平：《乐全先生文集》卷三十三，北京图书馆出版社，2003 年。

④ （宋）吴曾：《能改斋漫录》，中华书局，第 437 页。

⑤ （元）辛文房：《唐才子传》卷十，中华书局，1991 年。

⑥ 山西省文物管理委员会：《山西芮城永乐宫旧址宋德方、潘德冲和“吕祖”墓发掘简报》1960 年第 8 期。

三、关于传世文献中吕氏家族与吕洞宾关系的思考

在传世文献记载中，多为“洞宾自言渭之后，让之子”。而吕煜即洞宾的说法，多来源于《余姚新河吕氏家乘》[①]《吕氏家谱》[②]《暨阳开化吕氏宗谱》[③] 等吕氏家谱。根据今天发现的《吕煜墓志》，已可证明其所载不确。到底谁是真正的吕洞宾，他和吕渭之后、吕让之子究竟有没有关系？相信诸多的典籍记载和悠久的传说，并非都是空穴来风。

古人出家或归隐，除了自身的信仰和志趣之外，尚有一些客观的因素。一是身有疾患，不堪其苦；二是仕宦不顺，前途无望；三是家庭变故，无法承受等。

吕煜之父吕让，虽有官名，然一生疾苦，心系百姓，重视生命。据《吕让墓志》[④]，他七岁父母双亡，“七日之内继失怙恃”，三十三岁时，“大旱环都，公精诚祈祷，独注甘泽，”“去豪右，恤茕独，收葬枯骨一万余所，招复流庸五千余户……”他生前每逢“风清月朗，必具酒，撰资谈论，未尝不‘生人为先，社稷次之’之义应对”。“公（吕让）常语小子（吕焕）等曰‘吾始以生物为己任，不幸多疾，今虽未老，意绪已索然矣！’”“公自志学以至于宦达，未尝语利济穷恤孤，虽日散百金无悔”。吕洞宾一生乐善好施，扶危济困，深得百姓敬仰，这方墓志，正是体现了作为吕让之子的吕洞宾继承先父遗志的最好明证。吕焕撰其父《吕让墓志》时，自称“抱病无□，永负慈训”。所裂损字□，已不可知，但它一定是上达之意。吕煜“往年染疾室听，郁郁不乐，治疗不疗”“本以文进，今以病黜”，可见并非轻疾，三十九岁便已离世。吕烜“不幸染劳疾”，先于其父吕让而夭，姐或妹四人中，“二人早亡”。可见吕氏一门体质都不太好。既然全家人体质都不佳，那么，秉承父亲遗愿，为改变这种现状去求丹问药，追求长寿之道，或许就成为吕让之子入道或归隐的一个重要原因。

吕让之子并非吕煜一人，而从《吕煜墓志》中“长兄焕，守道夷旷，优游鹿门”的描述，结合吕焕所撰《吕让墓志》反映出的家族背景和父亲

---

① （明）吕本：《余姚新河吕氏家乘》卷五，明刻本，国家图书馆藏。

② （清）吕治平纂修：《吕氏家谱》，清康熙三十二年家刻本，国家图书馆藏。

③ 吕启桂修，吕挹清纂：《暨阳开化吕氏宗谱》，民国十七年维则堂活字本。

④ 陈长安主编：《隋唐五代墓志汇编·洛阳卷》，天津古籍出版社，1991 年，第 14 册，第 158 页。

济世救人的经历，可以考虑，作为“吕渭之孙，吕让之子”的吕洞宾，不是吕煜，或为吕焕。“守道”，这里指恪守一种信仰。“夷旷”，有平和旷达，闲适放达意。《晋书·傅玄传》[①] 有“志厉强直，性乖夷旷”句。此处是说吕焕一贯地坚守他旷朗放达的性情。“鹿门”，一在今山西盂县西北三十五里；一指鹿门山，又名苏岭山，在今湖北襄阳城东南。后者景色秀丽，宜于游乐，更重要的是，这正与诸多文献中所传吕洞宾现身之地相合。东汉末年，名士庞德公因拒绝征辟，携家隐居于鹿门山，采药不归。从此鹿门山成为隐逸圣地，“鹿门”也成为隐居或隐士的代名词。唐代著名诗人孟浩然也曾隐居于此，作《夜归鹿门歌》。这里说吕焕“优游鹿门”有两种可能：一种是吕焕真的去了鹿门山，在那里悠闲自在地游山玩水，寻求长生之道；另一种是用庞德公之典，说吕焕当了隐士。但无论是确有其事，还是用典，都说明吕焕已经归隐或入道。

综上所述，唐《吕煜墓志》的面世，补充了吕煜及其家族史料，也为研究吕洞宾的身世及生平引发了更多思考。参考文献，考察墓志，可以推断：一、吕洞宾并非吕让的第三个儿子吕煜。二、如果吕洞宾确为吕渭之孙、吕让之子，河中人（或关中人），或有可能是吕让长子吕焕。三、如果吕洞宾确与吕焕为同一人，那么他的入道时间，应该是在唐大中九年（855）至咸通六年（865）之间，即吕焕撰《吕让墓志》之后和吕烨撰《吕煜墓志》之前。

限于学识和资料，难免误判和错讹之处。敬请指谬。

① （唐）房玄龄等：《晋书》卷四十七列传第十七，清乾隆武英殿刻本。

【点绛唇】的演变

于春媚

由最初的词牌，到元杂剧和昆曲、皮黄中的曲牌，【点绛唇】始终保持相同的主旋律。【点绛唇】的演变过程，可以完整体现词乐对曲乐，以及杂剧对昆曲传奇和京剧在结构和曲牌使用上的传承关系。在元杂剧中，【点绛唇】被广泛地用作人物上场后所唱的第一支曲牌，主要介绍身世背景、胸怀抱负等。这一用法不但影响到了后来的传奇作品，也影响到了后起的京剧。

一、词牌【点绛唇】

“点绛唇”一词最早出现于江淹的诗作《咏美人春游》：“白雪凝琼貌，明珠点绛唇。”形容女子点染朱唇中心一点，与皎洁面庞交相辉映的美丽妆容，词义新巧浓艳。该词被用作词牌名，则首见于南唐冯延巳的《阳春集》：

> 荫绿围红，飞琼家在桃源住。画桥当路，临水开朱户。
> 柳径春深，行到关情处。颦不语，意凭风絮，吹向郎边去。

南唐时词是配乐而唱，从格律上分析，它词句较短，用仄韵而韵脚较密，这使得该词既灵动又齐整，具有较强的韵律感，因此颇得词曲创作者的青睐。入宋以来，词牌《点绛唇》作为小令，制词者众多，其中不乏苏轼、黄庭坚、李清照、姜夔等大家。

值得注意的是，由南唐曲一变而为宋词词牌，该词格律几乎没有发生变化。《词谱》中正是以冯词格律为正体，龙榆生先生归纳《点绛唇》的格律为：

中仄平平，中平中仄平平仄。仄平平仄，中仄平平仄。

中仄平平，中仄平平仄。平中仄，仄平平仄，中仄平平仄。[1]

上阕四句，从第二句起用三仄韵，下阕五句，从第二句起用四仄韵，共四十一字，完全与冯词一致。不过，入宋以来，词牌《点绛唇》出现了变体现象。有些词作在上阕第八字增入一韵，使得上下阕都变成了五句四仄韵的句式。以苏轼所作一首《点绛唇》为例：

不用悲秋，今年身健。还高宴。江村海甸。总作空花观。
尚想横汾，兰菊纷相半。楼船远，白云飞乱，空有年年雁。

词格为：

仄仄平平，平平平仄。平平仄。平平仄仄。仄仄平平仄。
仄仄平平，平仄平平仄。平平仄。仄平平仄，平仄平平仄。

论词义，该词上阕二、三句仍然应作为一个整句来理解，但是“健”的使用使该句句中增韵，在演唱中，应是唱做两句。同样的例子，还见于舒亶“翠华风转花随辇”、晁补之“艳如桃李情柔惠”、赵彦端“故人相遇情如故”等作品中。[2] 这种增韵现象的出现，显示了该词牌在演唱中逐渐强化了句式短小，用韵密集的特点，这意味着歌唱将更有节奏感和韵律感。另外，增韵使【点绛唇】上下阕句式、格律趋于一致，音乐节奏也就变为基本相同的复调旋律，这无疑使演唱的主旋律更加明晰。同时，【点绛唇】上下阕趋于一致的特点，还为曲牌【点绛唇】变词牌双片为单片，折腰而为曲的发展奠定了基础。【点绛唇】的这种变化，符合曲艺的发展方向，也印证了在歌唱实践中，曲词与曲乐不断寻求契合，前者逐步为适应后者做出适当变化的规律。正因适应了这种规律，【点绛唇】由词乐发展为曲乐，亦由词牌顺利过渡为曲牌，并在曲乐中得到了更为广泛的运用。

二、【点绛唇】的曲化

宋文人词与元曲小令都是“依声填词”，两者之间有着千丝万缕的联系。入元以后，词乐逐渐式微，代之而起的是曲乐。词曲在相当长一段时间里是共生的状态，词的曲化现象十分普遍。词不仅在形式和用韵上向曲靠拢，而且在语言和精神上也与曲趋于一致。近年来在冀南出土磁窑器物

① 龙榆生：《唐宋词格律》，上海古籍出版社，1978 年，第 68 页。
② 《全宋词》中，该词牌增韵现象大量存在。

上的金元词曲，就有很多以曲的风格来填词的作品。① 日本大阪万野美术馆收藏的金代磁州窑的一个瓷瓶上，就录有一首【点绛唇】，内容如下：

> 红杏菖蒲，万家装点都门外。曲塬（应为屈原）何在，香粽年年赛。捧砚佳人，玉腕缠新彩。多娇态，御荷争戴，斜插香枝艾。②

此词遵循了词牌【点绛唇】正格格律，但所用韵，却是按照《中原音韵》的“皆来”韵，曲词也较为通俗。

如果说词的曲化是词曲递变的一条途径，那么民间曲子的雅化则是词曲递变的另一条途径。鼓子词、诸宫调是宋金时代流行于民间的新的说唱艺术形式，这两种民间艺术都是较为熟练地引入词调用于叙事讲唱。现存鼓子词中 180 多首宋词就有【点绛唇】三首。③ 现存三种诸宫调中，所用词牌绝大部分被用于曲牌，其中也有【点绛唇】的存在。民间曲子使用词牌，并非全盘接受。如文人词中使用频率最高的【浣溪沙】就并不见于鼓子词、诸宫调中。【浣溪沙】的句式接近于七言诗，如果歌唱必然单调平板。与之相比，【点绛唇】句式错落，用韵密集，十分符合民间歌唱的特性。由此可见，【点绛唇】的由词入曲，最主要的因素是源于其“适唱”的特点。一方面，它作为词牌就因为适唱而活跃于词乐系统；另一方面，民间讲唱艺术也因其适于民间唱腔而不断运用。曲牌【点绛唇】较词牌的使用更为广泛。

仅以【点绛唇】的演变为例，那么我们可以认为，由词变而为曲的最大变化是庙堂文学向民间文学雅俗的转变。民间文学的用韵、用词与情感表达有自身的特点。而【点绛唇】恰恰符合民间文学的特点，因此才得以基本以原貌的形式保留在曲牌中。

三、曲牌【点绛唇】的变化

由词牌而为曲牌，牌名相同者旋律未必相同，牌名与形式均相同者并不多见。据隋树森《元人散曲论丛》考证，除去可能误收或偶作等罕见者，习见的词曲牌名相同而格律无差者仅十数例，【点绛唇】即为其一。

① 杨栋：《冀南出土磁窑器物上的金元词曲》，《文艺研究》2004 年第 1 期。

② 王兴：《磁州窑诗词》，天津古籍出版社，2004 年，第 87 页。

③ 于天池：《论宋代鼓子词》，《海南师范学院学报》1999 年第 4 期，第 16 页。

程从荣先生根据《元刊杂剧三十种》所收录的三十支【点绛唇】曲牌，归纳其格律如下：

中仄平平。仄平中仄。平平仄，中仄平平。中仄平平仄。①

【点绛唇】曲牌取词牌上片，首句入韵，第四句由“仄平平仄”变为“中仄平平”，其余各句基本与变体词牌【点绛唇】上半阕格式相同。

首先，单片使文字结构短小，这使得该曲的韵律较为简洁明快；曲子说唱中，需要用不同的小段曲牌连缀成一大段叙事性曲段，因此单曲宜短才符合演出需要。

其次，首句的入韵造成韵位密集，紧密的韵位使得相同韵母出现的频率更高，韵文的节奏加快，听觉上的循环往复性美感更加强烈。周德清《中原音韵·作词十法》，其中多论四声之讲究。平声分阴阳，其中还以《点绛唇》首句韵脚必用阴字为例：“试以‘天地玄黄’为句歌之，则歌‘黄’字为‘荒’字，非也。若以‘宇宙洪荒’为句，协矣，盖‘荒’字属阴，‘黄’字属阳也。”② 可见，由于曲乐中文学与音乐的关系更为紧密，因此，曲乐对音乐文学声韵规律的总结较于词乐，有了很大的推进。

最后，第四句韵脚改为平声，同样是为了便于演唱。吴梅《曲学通论》论四声之法云：“其用法则宜平不得用仄，宜仄不得用平，……单句不得连用四平、四上、四去、四入。一调中有数句连用仄声者，宜一上一去间用。”③ 正是对曲词声律一般性规律的总结。由此而见，词牌【点绛唇】四连仄的用韵不符合音乐的婉转抑扬，因此改而为平仄相间。

曲牌【点绛唇】的以上变化，体现了俗文学对雅文学的改造，【点绛唇】在杂剧中的使用，又展示了俗文学趋雅的嬗变。

四、元杂剧中【点绛唇】的旋律与用法

元杂剧的剧本体制为四折一楔子，每一折都由同一宫调的若干曲牌组成。曲牌成为成套组曲的一个单元，【点绛唇】除了旋律上的因袭外，在元杂剧套曲中的位置，值得注意。

【点绛唇】在元杂剧中的使用，是其所属“宫调”来决定的。宫调属

---

① 程从荣：《元刊杂剧三十种》【仙吕·点绛唇】斠律，《戏曲研究》第61辑。

② （元）周德清：《中原音韵》，《中国古典戏剧论著集成》第一册，中国戏剧出版社，1959年，第235页。

③ 吴梅：《吴梅戏曲论文集》，中国戏剧出版社，1983年，第269页。

于音乐的调性范畴，北宋词人周邦彦曾注明词牌【点绛唇】为“仙吕”①，据张炎《词源》，宋代的二十八种宫调中有【仙吕宫】和【仙吕调】两种宫调，因此无法确定词牌【点绛唇】究竟属于哪种宫调。元杂剧则明确将曲牌【点绛唇】归为【仙吕宫】。【点绛唇】的这一宫调归属，决定了其在元杂剧中的位置和用法。作为【仙吕宫】的第一首曲牌，【点绛唇】通常与同是仙吕宫的【混江龙】、【油葫芦】、【天下乐】组合成非常紧密的组曲形式，一般不插入只曲，也不分开为只曲，套首组曲关系非常稳定。

在《元曲选》和《元曲选外编》所收录的164种杂剧中，除《燕青博鱼》外，163种都在第一本使用了【仙吕宫】，其中160种的第一支曲牌都是【点绛唇】，只有《唐明皇秋夜梧桐雨》《铁拐李度金童玉女》《萧淑兰情寄菩萨蛮》《张子房圯桥进履》四种杂剧的第一支曲牌用的是【八声甘州】。

仙吕宫为何被用于第一本？金元时期的燕南芝庵《唱论》认为曲乐各宫调间存在旋律声情的差异，他总结各宫调的基本“情调”，将【点绛唇】所属的【仙吕宫】概括为“唱仙吕宜清新绵邈”②。从这个词的含义看，“清新”大概意味着情调整体上平缓而灵动，“绵邈”则意味曲调旋律的婉转悠长。这样的旋律和余韵不尽的声情得到了作曲者的普遍认同，得以作为一种规律而不断运用。尽管“宫调声情说”遭到很多研究者的质疑，但是，结合文体与乐体综合来看，“宫调声情说”是一种大体归类，具体运用时体现灵活性；它确实体现了戏曲发展过程中，那一段时期人们对宫调问题的探索，并对后世的创作也产生了较大影响，出现了一批运用声情理论而创作出来的曲目，仙吕宫的运用也应与此有莫大关系。

那么，【点绛唇】又为何成为仙吕宫中的套首呢？首先，【点绛唇】的旋律和声情适合用于剧目开头。杂剧套曲一般都是由散板起，然后逐步过渡到上板。【点绛唇】的旋律适合散板。其次，【点绛唇】只有四句二十个字，这样的长度非常适宜用来介绍主唱人物的生平和抱负，相当于定场诗。而【八声甘州】共有九句四十六个字，更多的用作剧情递进的描述性语言。

【点绛唇】的旋律确实能体现仙吕宫的声情特征。现代一些学者翻译的古谱【点绛唇】，在旋律上确实有“清新绵邈”之感。据刘崇德先生考

① 孙虹校注，薛瑞生订补：《清真集校注》，中华书局，2002年，第340页。

② （元）周德清：《中原音韵》，《中国古典戏曲论著集成》第一册，中国戏剧出版社，1959年，231页。

证，《九宫大成南北词宫谱》保留了许多元明古曲的旧貌①。兹将《九宫大成南北词宫谱》所收的两支杂剧中的【点绛唇】翻译如下：

《李太白匹配金钱记》杂剧：

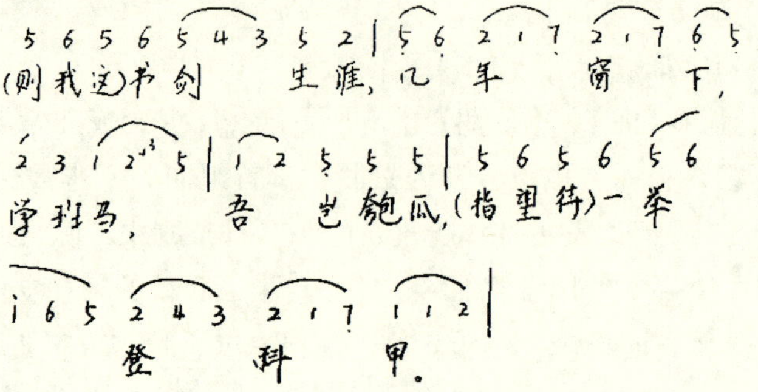

《吕洞宾三醉岳阳楼》杂剧：

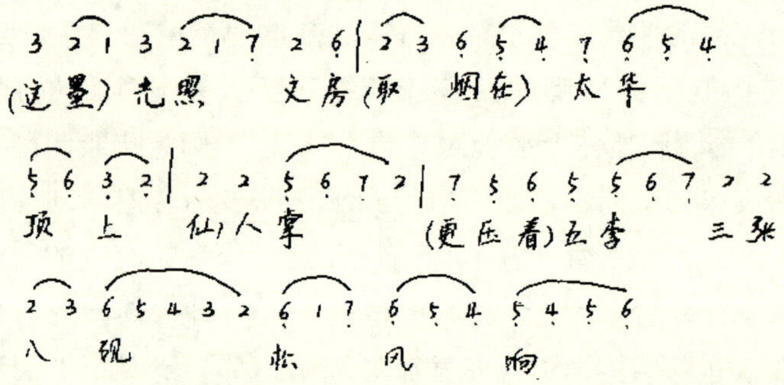

《九宫大成南北词宫谱》所收录的【点绛唇】有一个总体的旋律：第一、二句都是由高至低，第三句平行，第四句则由低至高，第五句前两字唱高，后三字下降，整体曲牌的音调悠扬、平缓、舒展，较为符合芝庵声情之说。

综上，【点绛唇】在元杂剧中的运用有其独特之处，即在声情上有“清新绵邈”之感，从用法上有着鲜明的使用规律，总是用作套曲中的开篇点题，介绍人物使用。

五、传奇中的【点绛唇】

元杂剧在元末作为舞台艺术逐渐衰落，被明中期后由南戏发展而来的传奇所取代，但是元杂剧的一些剧目、曲调仍然被传奇继承下来。元杂剧

① 刘崇德：《元杂剧乐谱研究与辑佚》，河北教育出版社，2003 年，第 14 页。

中【点绛唇】的使用，也对南戏和传奇产生了影响。如高明的《琵琶记·辞朝》一折中黄门官和蔡伯喈的上场，《幽闺记》第三出《虎狼扰乱》中的番将上场和第四出《罔害皤良》黄门官、陀满海牙的上场，《宝剑记·夜奔》中林冲的上场，都使用了【点绛唇】，只是曲牌的宫调已经发生了变化。元杂剧在使用【点绛唇】后，大部分都联用仙吕宫的【混江龙】、【油葫芦】、【天下乐】等曲牌，而传奇更注重舞台效果，上场人物皆可唱，因此客观上要求按人物特征来安排曲调，而不再固定套曲。传奇在使用【点绛唇】时亦打破了元杂剧的联套方式，如《琵琶记》后接的曲牌是【神仗儿】、【滴溜子】，《幽闺记》中番将后接的是【水底鱼】、【豹子令】、【金字经】，陀满海牙后接的是【新水令】、【步步娇】、【折桂令】，《夜奔》后接的曲牌是【新水令】、【驻马听】、【折桂令】、【雁儿落】、【得胜令】等，可见这些传奇只是因为【点绛唇】具有很好的定场诗功能而加以引用，而并非看其宫调。

值得注意的是，传奇中【点绛唇】还保留了元杂剧中的音调特点。如《夜奔》：

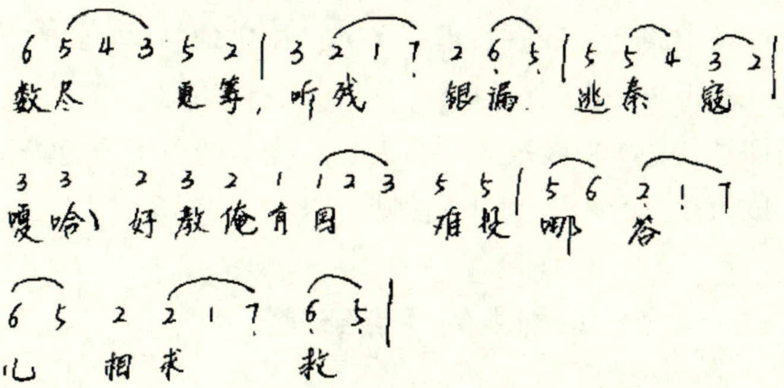

与前述《九宫大成南北词宫谱》比较，可发现其旋律特点非常相似。

嘉靖年间，经过魏良辅的改革，昆山腔逐渐超越其他南戏声腔，成为剧坛主流。昆曲多用传奇剧本，但也继承了元杂剧联套特点，即在同一个套曲中，采用同一宫调中的曲调，且一韵到底。改革后的昆腔吸纳了【仙吕宫】的整套曲牌，而不再是引用单支的【点绛唇】。如昆腔第一本剧作《浣纱记》，在《谈义》一折中便使用了【点绛唇】、【混江龙】、【油葫芦】、【天下乐】、【哪吒令】、【鹊踏枝】、【寄生草】、【幺篇】、【赚煞尾】一套【仙吕宫】曲牌，类似的还有《烂柯山·北樵》《金印记·封赠》《虎囊弹·山亭》《醉菩提·佛圆》《长生殿·觅魂》《十面埋伏·十面》《十五贯·批斩》《西楼记·侠试》《宵光剑·功宴》《渔樵记·北樵》《一捧雪·豪宴》《牡丹亭·冥判》《四声猿·骂曹》《红梨记·花婆》等①。在这些作品中，【点绛唇】照例还是作为人物上场的第一支曲牌，介绍其生平与抱负，也延续了元曲【点绛唇】的基本旋律，如《虎囊弹·山亭》②：

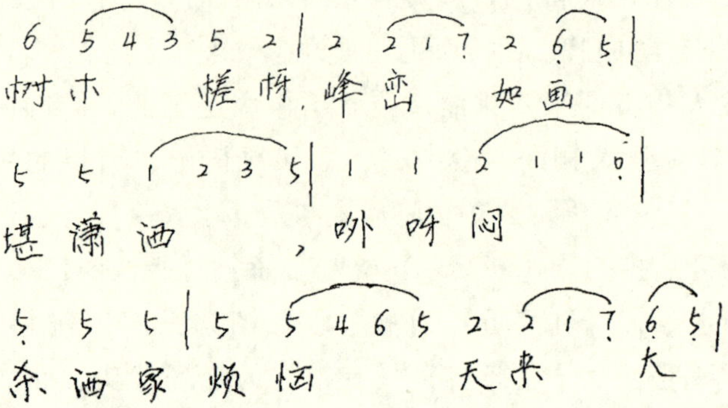

不过，即便在昆曲中，一些联用的曲牌在长期的演出过程中也开始简化。如汲古阁《六十种曲》本《琵琶记》中，黄门官上场后唱的是【北点绛唇】和【北混江龙】，到了清初的《缀白裘》，就删去了【混江龙】，只剩【点绛唇】一支曲牌，成为黄门官上场后的引子。

总体而言，传奇中的【点绛唇】沿袭了元杂剧中的旋律。虽然传奇不再使用套曲形式，不再统一宫调，但【点绛唇】的使用却越来越多，也越来越独立，原因即是其基本功能被固定为人物上场后的引子或定场诗，因此脱离出套曲，成为独立的一支“引子曲牌”。

六、京剧中的【点绛唇】

京剧形成于清中后期，为了丰富音乐的表现力，在西皮、二黄等主要唱腔外，还吸收了很多昆曲曲牌，【点绛唇】便是使用最多的一支。

与传奇剧本经常把【点绛唇】作为开场的第一支曲牌相同，在京剧中【点绛唇】也是人物上场后的第一支曲牌，起着简介人物和剧情的作用。如《黑水潭》一剧中，刀、枪、赤兔马、乌骓马四妖上场后所唱的【点绛唇】：

（刀）定宋刀光，

① 王守泰等：《昆曲曲牌及套数范例集·北套》，学林出版社，1997年，第761页。

② 王季烈：《集成曲谱·金集》卷八。

（枪）蛇矛千丈，

（赤）赤兔壮，

（黑）乌骓豪强。

（四同唱）未受皇恩赏。

简短的四句话，既突出了四人的身世，又表现出未受封赏的怨恨心理，为故事的展开奠定了基础。再如《溪黄庄》，恶霸花得雷上场后即唱：

武艺高强，雄心胆壮，论枪棍，四海名扬，喜爱美娇娘。

既突出了其作为恶霸的强横，又突出了好色的本性，极其凝练的说明了人物的个性和故事的背景。不过京剧的唱词较为通俗，文学性上远低于传奇和昆曲，而且多为“套话”。

同京剧中一般人物上场后常用的“引子”相比，【点绛唇】音调悠远，气势恢宏，尤其适合有身份地位人物场，如同是武小生，《辕门射戟》的吕布念引子，而《群英会》的周瑜则唱【点绛唇】。

【点绛唇】也适用于场合较大的发兵，如《空城计》中司马懿的发兵①：

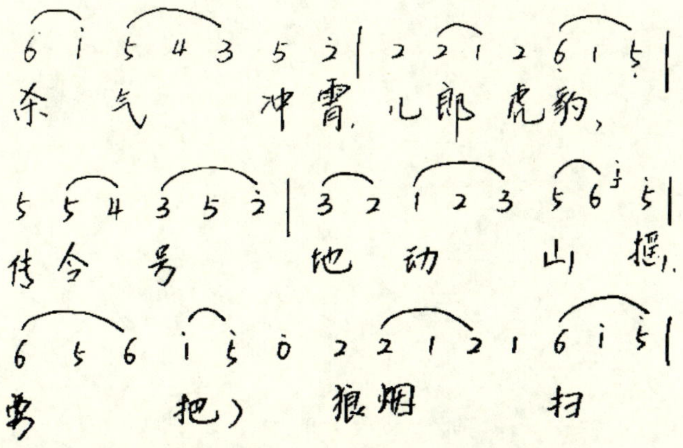

由于使用频繁，音乐和曲词甚至成为固定模式，《葭萌关》的马超，《反西凉》的徐晃，《南阳关》的韩擒虎、《战宛城》的曹八将、《打登州》的杨凌，在发兵时所唱【点绛唇】的曲词都是：

杀气冲霄，儿郎虎豹，军威浩，地动山摇，要把狼烟扫。

有时只须更改几个唱词，就能适合另一剧目的背景。如《摘缨会》中吴国大将先蔑的唱词：

杀气冲霄，儿郎虎豹，军威好，地动山摇，要把楚庄扫。

① 程君谋记谱：《空城计》，《京剧曲谱集成》第二册，上海文艺出版社，195页。

《神州擂》中王永的唱词：

将士英豪，儿郎虎豹，旌旗飘，地动山摇，要把梁山扫。

这种频繁的使用，使得【点绛唇】在京剧里还被讹称为“点将”。总之，音调悠丽典雅的【点绛唇】在京剧里得到了十分普遍的应用，唱词也根据人物和剧情的不同有了十分丰富的变化，为剧情的发展和人物的铺垫起到了重要的作用。

由此可见，从元杂剧，到传奇、昆曲，再到京剧，曲牌【点绛唇】在戏曲发展中，由于其出场、定场功能固化，成为被反复使用的“引子曲牌”，因此，其旋律等音乐形式也逐渐固化下来。如果说我们现在所听到的【点绛唇】曲子，很可能与元代，甚至有可能与宋代词乐时期【点绛唇】的旋律相近，这种稀有的固化曲牌很可能保留了很多早期的音乐特性，如其所在“仙吕宫”的“清新绵邈”的声情，的确在【点绛唇】中有所表现。这无疑将深入中国古代音乐的研究视角。

莫伯骥致王文进手札

程仁桃

莫伯骥（1877—1958），字天一，广东东莞人，广东著名藏书家。伯骥早年学医，曾设“仁寿药房”，获利实多。光绪庚子（1900）后协助堂兄莫伯伊创办《羊城日报》。民国六年（1917）任广东都督府参议。伯骥家学渊源，其父莫启智为东莞廪生，以教读为业，潜心宋学，喜藏书，“所藏宋元名臣大儒之书，森森连屋”[①]，受其影响，伯骥幼时即有志藏书，“伯骥幼奉楹书，弱冠来游都市，奉手于巨子后人，益毅然有储藏之志”[②]。伯骥初建“福功书堂”藏书，后因总藏量达五十万卷改名为“五十万卷楼”，其藏书之富，版本之精，为当时羊城藏书楼之冠，有“上企瞿杨，无惭丁陆”[③] 之誉。抗战爆发后，伯骥藏书散佚大半。伯骥学识渊博，对版本目录学研究尤精，著述丰富，有五十多种，惜仅《五十万卷楼藏书目录初编》及《五十万卷楼群书跋文》留世。

王文进（1894—1960），字晋卿，别号梦庄居士，河北任丘人，著名藏书家。幼入乡塾，粗通文字，因贫辍学，随长兄赴京学古书经营，民国十四年（1925）别设文禄堂书店，积数十年之力，勤苦搜访，所获颇多，并多有研究，遂精通版本目录之学，为当时旧书从业人员中之佼佼者，“后来屈指胜蓝者，孙耀卿同王晋卿”[④]。著《文禄堂访书记》《明代刊书总目》《宋元以来刊刻年表》等传世。

北京师范大学馆藏一部《文禄堂藏各家书札》（以下简称《书札》），凡十册，内有莫伯骥致王文进书札数十通，分散于第五册、第六册、第八

① 见莫伯骥《五十万卷楼藏书目录初编自序》第 2、3 页，民国二十五年上海商务印书馆铅印本。

② 见莫伯骥《五十万卷楼藏书目录初编自序》第 3 页，民国二十五年上海商务印书馆铅印本。

③ 容肇祖：《五十万卷楼群书跋文序》，文海出版社，1967 年第 3 页。“瞿杨丁陆”为清末四大藏书家：瞿镛、杨绍和、丁丙、陆心源。

④ 伦明：《辛亥以来藏书纪事诗》，燕山出版社，1999 年，第 125 页。

册之中，《书札》每册外封均有王文进题记及时间，其时间应为整理装订的时间，第五册为“壬申（1932）三月”，第六册为“癸酉（1933）九月”，第八册为“甲戌（1934）三月”，本文第一至三十七函收录在第五册中，第三十八至六十六函收录于第六册中，第六十七至七十一函收录在第八册中。信札内容多为记载莫伯骥向文禄堂选书、购书的往来经过，呈现了诸多购书细节，包括双方交易书籍的名目，莫氏对书籍版本、品相的品鉴和要求，对包装和邮寄的指示，双方议价、成交的过程，及代友购书、修书等等，有较高的文献价值，现将此批信札按装订成册时间整理如下：

一

示悉所列之书，请以首样见示，俾有选择。专此，敬颂晋卿先生寿祺。小弟天一，二月廿日。目中所列，完全寄下首样为叩。沈大成《学福斋集》，贵处有否？

二

得贵处第二次函，知已将各书样寄下，书尚未到，惟检《书学》，知上次所列之校本《夷坚志》《古今逸史》《李嘉祐集》、校本《唐文粹》《乖厓集》，均未见寄，希再惠寄此数种何如？专托，即颂晋卿兄日祉。小弟莫天一，二月廿八。

三

《曹子建集》淑染纸，易脆，此书现多影宋流行，且有金陵朱氏校定本，明本当让价，所拟之价亦似太大，高明以为然否？《嵇中散》《全芳备祖》亦有残缺处。处[1]。此价似太大，弟不敢置议，姑暂留以待示教，何如？专复，即颂近好并谢厚意。小弟莫天一，三月三日。

四

函与书均悉，顷择出《曲洧旧闻》（一）、《图会宝鉴》（二）、《东观

① 疑衍字。

余论》（三）、《嵇中散》（四）、《全芳备祖》（五）、《曹子建》（六），《演繁露》（七），共七种，共出陆百元，如合意，希函知汇款。《唐歌诗》惜有损破阙污，寄示书影，其感厚意。《通鉴鑑》有无木刻序跋？《庄子》首尾如何？究以阅原书为得当，倘承寄样，至感。此颂日祉。小弟天一，三月十七。

五

函悉七种书，弟所拟之价已甚公道，惟初次交易，远道相商，深以为感，拟添五十元，若不合意，再俟他时来往可也。此颂日祉。小弟莫天一，三月廿日。

六

第二次寄来各书样已收到，拟择《李嘉祐集》，此书多残破，不过补缀完成，似不耐久存，拟出价陆拾元，合意，希函示。此颂日祉。小弟莫天一，三月廿五。

七

复函悉《通鉴释文》以七扣计（暂留待商），敝处当收入，请为函复。《庄子口义》不甚合意，原书封固双排号付回，七种请以七百元计算，经由邮局付上，请为照收。专此，即颂日祉。小弟天一，四月七日。初次交易，请为减让一二。

八

《李嘉祐集》八十元价仍属过昂，七十元何如？此颂日祉。晋卿先生。弟天一，四月十八。

九

函悉，《通鉴释文》请以每册一百五计，共一千八元。《嘉祐集》已有函复，贵处计七十元，合意，两款齐寄可也。七种款七百元，顷由局寄上，此颂日祉。天一，四月廿六。

十

手函并书奉悉，此书（十一种）多有已藏者，今拟取鲍校《清波杂志》[1]，汪校《史通》[2]、抄本《历代山陵考》三种，共出四百元，合意，希函知照办。《李嘉祐集》当照汇款。仿宋《方言》收到，谢之。此颂日祉。天一，五月十日。

十一

有友欲得《唐文粹》，友持瞿氏书影来，证明此实元刻，拟以千元收入，属为函转，并谓其纸质颇脆，不耐收存，何如？希函知，以便照转。文禄晋卿兄鉴。

十二

函悉，《通鉴释文》款一千八，《李嘉祐集》八十，已由局汇上，想收到。日前各种书价前经由局汇去，想亦收入，统希函知。今由局汇上五百元，取书三种，希照收为叩。此候日祉。天一，五月十九。各书已付退。

十三

函悉，《唐文粹》样本，日前经与各书一齐寄回贵处，因敝友系决心出价一千元，弟度贵处不允，不如寄回也。今复承函示，请再让价乃商，何如？宋残本两种能以样本见示否？《歌集》[3] 九本抑五本？字不明。此候日祉。天一，六月廿四。此书纸质颇脆，不耐久藏，敝友固明也。

---

① 莫伯骥撰《五十万卷楼群书跋文》载："《清波杂志十二卷别志三卷》，知不足斋写校本"，当指此书。《跋文》又云："此集予得之杭州"，与此信札不符。文海出版社，1967年，第400页。

② 《五十万卷楼藏书目录初编》载此本："《史通二十卷》，明万历张之象刊本，清汪文端手校。"《五十万卷楼藏书目录初编》卷八，民国二十五年上海商务印书馆铅印本。

③ 指第四函之《唐歌诗》，即《唐分门别类歌诗》。

十四

函悉，书样五包待收到再商，另纸所列之五种，希寄示一阅，何如？接北京书友函，多言书市平淡，真可叹也。此颂日祉。晋卿兄。小弟天一，七月十八。

十五

寄来样本阅过，多不甚合意，元《韩文》，弟刚在杭州抱经买得，即渠所谓影印宋板样本分送各处者，顷将各样寄回作退，待批校到再商可也。此候日祉。天一，七月廿三。收到《宣和宫词》一本，敬谢。

十六

函悉，书样未到，待阅过再谈，承荐修理书人，已感厚意。此间现已有一本地老于此道者，日为此事，虽不及京、杭之佳，亦尚可靠。弟久有雇请都门好手之意，待有相当机缘必为之，惟弟悉工食月需若干耳，便希详示。此候日祉。小弟天一，八月五日。

十七

《唐文粹》似有木箧载书，因嗅之有木香也，如有，请寄来。前寄来《通鉴释文》箧，书路上经已破裂，查各处寄来木箧，箧内用碎纸满载，以多为佳，箧外并用软物厚缠，多多包裹，而外须以布包裹，与寄书不同，如此寄法，到粤不裂，不宜悭工夫、惜小费也。专此，顺颂日祉。弟天一，八月六日。

十八

书样收到，择《太仓稊米集》《韦苏州诗》共十二本，共出一百八元，合意，希函知汇款，馀书付退。复候日祉。小弟天一，八月八日。

十九

手函悉，《守山阁丛书》系藏在敝乡，并不在市内敝藏中，当时系由书记在乡检寄，首本及末四本，系友人借阅未回，寄书之后，曾另有函声明，当即讨回再寄，今函云云，想此函已失落矣。追讨多日，而此友适赴香港，未反广州，故迟缓，当即加紧催寄，以符原议。

《高僧传》杂在群书中，亦属书记检出，即日寄上，希照收。并此道歉，稍有虫蚀欠美之处，再补若干，以免寄迟阻事，届时再商可也。贵处收入佳本多否，连旬此间收到各埠寄来样本极多，惟贵埠各家来函，多云北平书市冷淡耳。此颂日祉。弟天一，八月六日。王先生鉴。

二十

顷寄上书款二百元，请照收。承费神以装工一事见告，感甚。此间雇用粤中老手，已有年月，当无错误，待再扩充修书时，再请费心，何如？此颂日祉。小弟莫天一，八月卅一日。文禄晋卿先生。

二十一

书样收到，弟拟择《武林旧事》《苕溪集》两种，《武林旧事》以十卷本为佳，此书虽六卷，然抄手尚不劣。《苕溪集》近年叶昌炽序刻之本，较胜此本，自不能出大价。两种共出参百元，何如？余书付退，留此两种待商。专候日祉。弟天一，九月十七。

二十二

函悉，除由贵处寄回敝处原日寄上之书外，连《周易》价，共汇上贵处收五百五元，彼此作为交易清楚，何如？此候日祉。天一，九月廿二。

二十三

函悉，书样收到，《钱宰集》中有缺页。《易经》须以汉学为佳，此则宋学，且卷帙残破，补缀如裘，稍一宽脱，不可收拾，此书不能耐久收藏，且朱批字不易认识，甚不易观览，尤近无用，四百五元何如？此颂日祉。天一，九月廿九。

二十四

现有友在敝处闲谈，偶阅贵处前时函片，有列明刻《书史会要》一种，颇欲得之，未审此书已售出否，属为函问，专此奉询。即颂日祉。小弟天一，十月十六。

二十五

函悉，贵处所拟之价太大，实在未易商议，钱校虽可贵，然仍须其书大用，且纸板佳本，乃能大价。日前贵处给弟之《韦苏州诗》，岂非钱氏批校，然其价不过数十元耳，其纸板过于《易经》远甚，且其面亦绸为之也，宁可他时有贵处书可加些价，此两书实不容加，但以远道函商，两书可再加五十元，如不承允，请他时再谈别书可也。此颂日祉。天一，十月十九。

二十六

日前，贵处寄阅之精抄《唐歌诗》，系每半叶若干行，每行若干字，请为示知，因敝友亦有此种，极为相类，故欲一知也。前请刊大方图章，须费若干，顷将《武林旧事》书款二百五元，《苕溪集》书款一百二付上，共三百七元，请照收消记。新样本择出《絜斋集》《说文新付考》《崖丹集》[1]《三体诗法》[2] 四种共出参百肆十元，合意，希函知汇款，余书付退。此颂日祉。天一，十月廿五。文禄堂宝号。

二十七

日前贵处寄留《唐会要》《南丰稿》《西昆集》[3] 共三种，该书款经与

---

① 应为《丹崖集》。

② 即《笺注唐贤绝句三体诗法》。

③ 即《西昆酬唱集》。

乔君[1]面订，当即将书款交楚，知关诸念，此布。顺颂日祉。天一，十一月廿一日。

二十八

寄来书样收到，拟取《湖湘校士录》共价七十元，合意，希函知汇款，余书付退，此候日祉。天一，十二月廿五。

二十九

寄来书样收到，拟择《唐才子传》《玉壶清话》《王忠文集》三种，《唐才子》系近刻本，《玉壶》欠前序，取价似太大，三种拟出价六百五十元，合意，希函知汇款，余书付退。《书史会要》请暂留此间，待敝友回粤再谈，因其前议已与毛钞不要，经函贵处，今既寄到，只可再为劝取也。此候日祉。天一，十二月廿五

三十

四日函悉，《书史汇要》《酒边词》此二种均系友取，此友现赴南洋，暂作罢论可也，余再谈。此颂日祉，天一，十二月十六。《石经》《刘文》均不甚合意，当即退回。

三十一

来书样及函并收到，《唐会要》无甚大用，且有水渍。《南丰集》天地短促，纸色暗昧，颇欠名贵，《西昆诗》则讹脱之迹更多矣，如此大价，似无可商，惟道远而意盛，似不可辜负一场邮寄，四百五元收入可乎？此颂日祉。小弟天一，十一月一日。

三十二

贵夥来，经交阅各书，感甚，当即商定，前两次书及邮寄包所选之

---

① 指乔景熹，河北人，擅修复，精于版本鉴定，中华人民共和国成立前曾开旧书店。

书，共费大洋壹仟柒百元，此款据乔君言，须到上海收货用，经即照大洋一千七之数，妥交乔君，掣回收据，邮包择出十四种，其中写本《读书丛说》尚欠一本，天顺本《潜溪集》尚欠六本，《汴京遗迹志》尚欠十八本，《程史》尚欠五本，统请续寄，以清前事，但寄书包里，千万不可用新闻纸，因贵处寄来新装之书，洁白之处往往为新闻纸洋墨所染，有失雅观也。带来之书尚在商酌中，然亦必买若干种，以答远道见教之雅意耳。此颂日祉。小弟天一，十一月廿一日。有校之《史记评林》能全部寄来一阅否？

又，邮包之书，兹除择买外，所馀全份由贵伙带回，尚余《史记评林》壹本、《元曲选》两本、《潘安志》参本、《东城杂记》贰本留存，因有友人欲商也。又启。

三十三

六日函悉，《唐才子传》《王忠文集》《玉壶清话》三种，经以拟价六百五，有后函贵处商价，想已收到，承后在途矣。《纬略》《刘孝子遗墨》《宋学七集》三种已付退，想已收到。所余之《百种曲》《东城杂记》《潘安志》《校本史记》《书史汇要》均系有友人欲取，而其人适出门，拟一候其回，以俟裁夺。今此友已于昨日到埗，弟函请到商，伊拟取《潘安志》及《校本史记》共参百元，如合贵意，希函知汇款，此外各书当即清理寄回矣。复颂日祉。天一，一月十六日。

三十四

两函均悉，书收到，《王忠文集》《唐才子》《玉壶》三种，弟料六五之价已然公平，不必再多议论。《诚意伯集》已寄退，此时当已收到。《石经考文》，有学校友人欲得，颇廉，其有红圈，拟出壹百元，合意，希函知，当为代理。《唐诗记事》，敝处已有数种，此书二本即寄退，《名家词抄》一并退回。《泠然斋诗》，意以贰百五十元买入，何如？此候日祉。弟天一，一月廿四。

三十五

函悉，三百元书款今由局邮上，《元曲选》《东城杂记》亦由局付退，请照收为叩。此叩日祉。天一，二月九日。文禄主人。贵书已全付退矣。

三十六

《校士录》[1] 收到，此书无甚大用，八十过昂，酌中寄汇七十五元，希照收可也。此候日祉。德友主人。天一，一月廿四。

三十七

寄来书样收到，顷择《公谷合传》一百元，《毗陵集》一百五，《广卓异记》五十元，《竹素山房诗》五元，弟拟以贰百元买入，现留此数种待商，馀书即行付退，想不误贵处他消日期矣。此候日祉。天一，二月廿四。

三十八[2]

贵处存下之《百琲明珠》《月泉吟社集》《唐龙江集》《田叔禾集》四种，有友拟出三百元，属代函商，友谓华北风声闹动，出价当廉也。一月二日。

三十九

《泠然斋集》六百价太过，前许二百五亦似非公道，三百五何如？此颂日祉。天一，二月廿六。批本《古蒙庄子》、校本《李义山集》，希寄来一阅。

四十

函悉，《公谷合传》《毗陵集》《广卓异记》《竹素山房》请加价二百三元。《泠然斋集》请照弟前函所许之价三百五元。《书史汇要》敝友不愿取，当由敝处寄退。《王忠文集》三种款已付。《石经考文》《史记》《潘

---

① 即《湖湘校士录》。

② 此函无署名，据字体、文风是莫伯骥。

安志》，款亦已付，想均收到矣。兹将书款一百四元付上，希照收。《文中子》等书，望有便寄示，存书当付退。新寄样待收到再商。《何仲默集》《泠然斋集》《公谷合传》《竹素山房》，此四种现寄五百五拾元，请作为交易清楚。款已由邮局寄。其余《书史汇要》《元曲选》《东城杂记》《南华经》等一批寄退。此候日祉。天一。弟因来往香港、广州，奔走之日颇多，颇为延阻，请谅。

四十一

函悉，《卓异记》[①] 系因敝友取阅，意欲以三十六元收入，前曾函贵处问询，未得复知，希为函我，以便代理，此事，两面交好，渴望其成。此候日祉。文禄主人。天一，六月二日。

四十二

前由局付上大洋七百元，希照收，并列明取何种书，共几种，以便敝司帐记数。此候日祉。天一，六月八日。

四十三

寄书来样参种收到，《盘洲集》清刻尚佳，此虽为旧写，然首册已有残缺，贰百元可得，当留之交易，现暂将此三册存下，馀书付退。此颂日祉，小弟天一，六月卅日。

四十四

十三日函悉，请寄校本《西溪丛语》《浮溪集》《医学纲目》《李深之集》四样本来。前函谓有《咸平集》等寄来，尚未见。此候日祉。天一，八月廿一日。

四十五

出价三百八元，顷由局汇上。《咸平集》《吴礼部》《杨文荣》三种拟

---

① 即《广卓异记》。

出价贰百贰拾元，希将合意函知。此候日祉。小弟天一，八月廿四。

四十六

校本《西溪丛语》、抄《浮溪集》《医学纲目》《李深之集》，四种样本已寄示敝处否？莫。

读《碑传集补编》，陈垣等撰，请代买一部。莫。

四十七

有友见弟家内有《永乐大典》，甚为羡慕，意欲得一、二本，以资玩赏，如贵处可有收得，希函知，以便购买，顷承友托，特为函布，希留意。此候日祉。弟天一，八月廿六。

四十八

《书录》《三元参赞书》《道书》二册，共出七拾元，合意，希函知汇款。《诗女史》《百琲明珠》《蜀鉴》三种希以样寄来。《王氏家藏集》叶跋付书尾否？叶跋谓其印板已模糊，此价未免太大，仍请覆我，并寄样来。

四十九

函悉，《大典》本无定价，视本子内容之好不好及爱好者之兴趣何如，最好有本时，来函说明其内容何如，乃索价若干，俾与友代办，函中所列旧刊数种，如可寄样，希为照示，惟《翁氏书经》则不必耳。寄时加多厚硬之纸，当不有损。

五十

函悉，《咸平集》《吴礼部集》两种共出壹百五拾元。《杨文荣集》不全，今与《金薤琳琅》《斜川集》《梧溪集》一并付退。此颂日祉。天一。九月七日。来函谓有书样捌件，待到再商。

五十一

得乔君[①]函，兄代觅《大典》，感甚，希切实办理为叩。《宫史续编》已有之。此颂日祉。小弟天一，九月十日。

五十二

书样收到，拟择校本《西溪丛语》《李深之集》《刘宾客集》参种，共出四百元，合意，希函知汇款。此颂日祉。天一，九月十日。《碑传集》补款当候与他书款一并付上。

五十三

函悉，样本俟寄到再谈，另开之目，希以首样完全寄下，并示价格，阅过再商可也。此托，顺候日祉。小弟天一，九月十四。

五十四

贵处前寄来之《三洞群仙录》三册，搁置日久，本欲与各书一同付退，昨有友到敝处谈，偶见此书，颇欲得之，弟忘记原列价值，此友愿以六十元得之，如合意，希为函知汇款，以成此事。即候日祉。小弟天一，九月十六。

五十五

寄来书样收到，拟择《还山遗稿》一种，出价十五元，合意，希函知汇款。贰百元取《咸平集》《吴礼部集》。

函悉，请取《西溪丛语》《李深之集》，共五百元，合意汇款。专此望复，并候大安。天一，九月十九。

---

① 指乔景熹。

五十六

函悉，《三洞群仙录》，每册已许价贰拾元，似不为少，弟已谒力代说请添，此友已不允再加，六十元已存弟处，如合意，当代为寄上，以了此事。另列之书，取《竹卢诗集》《黄淳父集》两种，共出壹百贰拾元，何如?《金舆山房集》，贵处会文有棉纸者，亦开价一百耳。日内当检出应退之书寄回，因苏、杭、宁、沪、北平各地寄来样本不少，积压未清也。此候日祉。天一，十月四日。

五十七

函悉，顷决定《西溪》《李深之》《还山遗稿》《刘宾客》共六百元，另《砖传集》二十元，共六百贰拾元，由邮局付上，希照收。馀书当清理一次，尽数付退。此颂日祉。天一，十月十八。

五十八

昨将各书退回时，有友欲留《田叔禾集》，出价一百四元，如可售出，弟当成全此事，现此种书仍留敝处也。此候日祉。天一，十月十日。

五十九

函悉，此友适赴南洋，待其回时再谈，有费清神，不胜感谢。此颂日祉。天一，十月十四。

六十

函悉，请将有圈者寄首样来，《益戒堂诗》能以正集完全付下一阅，尤感。此颂日祉。小弟天一，十月五日。原纸书目仍希付回。

六十一

寄来之样，无甚可取，当将原样寄退，毛钞《瑟谱》与诗文集不同，此等枯燥无味之书，虽为毛抄黄跋，在今日亦当减价，如此高昂，实不可买，倘能减让，或可有商。此候日祉。天一，十一月四日。

六十二

书样收到，择出《平桥稿》《苏松武举录》《王文肃文草》三种，拟出七十元，合意，希函知汇款，馀书付退。此颂日祉。天一，十一月十七。

六十三

《淳父集》《金舆稿》[1] 共出一百四元，合意，希函知汇款。《竹庐集》付退。复候日祉。天一，十一月四日。

六十四

五日、七日两次书样均收到，《阴阳宝鉴》等八册，拟出壹百六十元，此等书既无年干、牌记可以见信，且残缺，又无序跋，许价如此，已属过昂矣，其余当付退。此颂日祉。天一，十二月十日。

六十五

前谈毛钞《瑟谱》，弟偶与友人说及，此友愿出价四百元买入，如未出脱，希为函知，以便转达，代成此事。此颂日祉。天一，十二月廿日。烦转德友堂。

六十六

寄来书样收到，《铅刀编》[2] 八册、《安雅堂集》二册、《道书》二册、《三元延寿书》二册，共四种，共三百五，合意，当即汇款，余书付退。前谈之《田叔禾集》，系友人取，书款久不见交来，亦当付退。《宝刻丛

---

① 即五十六函之《黄淳父集》《金舆山房集》。

② 即《蠹斋铅刀编》。

编》《唐龙江》《杨文敏》《竹庐集》等当一并付上，以清前事。应寄回之书，当由弟列一清单，以便贵处核对。此候即好。天一，十二月廿九。

六十七

顷有友人罗原觉、李千里两君创设岭南图书流通社，专售粤东刊本，流通全国图籍，用意大佳，贵处倘有，与之接洽时希为留意，至祷。此侯日祉。弟莫天一。

六十八

参种书当退回，《李义山四六》一册，亦一并捡出寄还。勤有堂本《李集》，敝藏有之。《大典》如有可买，望以页数、册数、卷数示知，价值若干，示期一及。钞写刊不必矣。此托，顺颂日祉。乔先生鉴①。小弟莫天一。五月廿八。

六十九

贵境通学斋孙君②带书来此地出售，弟与之买入颇不少，备言平中书市萧条，可叹也。有友愿以三百元买《嘉禾志》，弟不允写信，付笔于此。

函及样本三种收到，《嘉禾志》（此书刻本甚精，六百元而买荛圃数百字，亦贵之甚矣）稍可取，唯价格非常，似不可谈，只可付退。《大典》系何韵？内容说何事？一册若干叶？有宦印否？望示知，以便酌购，便希复述。此致文禄主人。小弟天一，四月廿。

七十

寄示书景已悉，十行本宋刻尚多，此价颇大，不易谈，作罢可也。弟出门日久，前书颇搁置，顷已属书记封好三种付退，并道歉忱。此颂日

---

① “乔先生”指乔景熹，此函是致乔君之札，收录于《文禄堂藏各家书札》中，当为乔君转与王文进者。乔景熙与王文进同为河北人，亦开旧书店，常互相帮助买书售书，《文禄堂藏各家书札》中亦收有周叔弢、庞士龙、冯霖青等人致乔景熹书札。

② 指孙殿起（1894—1958），字耀卿，河北冀县人，版本目录学家、藏书家。开通学斋书店，撰《贩书偶记》等。

祉。小弟天一，七月廿三。

七十一

前后函悉，各书既不允让价，只得变通办理，《铅刀编》《月泉吟社》《安雅堂》《田叔禾》《道书》五种共出五百五元，合意，希函知汇款可也。此候即好。天一。

·文献版本·

成都杜甫草堂博物馆馆藏明代杜集述略

陈　宁

杜甫草堂是中国唐代伟大的现实主义诗人杜甫流寓成都时的故居，现存杜甫行踪遗迹中规模最大、保存最完好、最具特色和知名度的一处。成都杜甫草堂博物馆不仅是全国重点文物保护单位、国家AAAA级旅游景区、国家一级博物馆，也是收集整理杜甫资料最集中、最丰富的地方。2009年6月9日，被国务院公布为全国古籍重点保护单位，拥有古籍2万册，包括善本古籍0.6万余册，其中宋刻本3部，入选《国家珍贵古籍名录》11部。①

杜甫草堂馆藏明代杜甫相关版本有30余种，78部，577册，1251卷。内容有诗文集、千家注杜、杜律选注、明人编注、李杜合集等，刊刻时间从明初至明末贯穿整个明代，基本上能反映明代各个时期的刻书风格。其中，明张潜辑《杜少陵集十卷》明正德七年（1512）刻本、宋刘辰翁批点《集千家注批点补遗杜工部诗集二十卷》明嘉靖九年（1530）石亭陈沂刻本、元高楚芳编《集千家注杜工部诗集二十卷》明嘉靖十五年（1536）玉几山人刻本等5部属国家二级古籍，被《中国古籍善本书目》收录。

一、馆藏明代杜集种类丰富、内容全面

杜甫草堂馆藏的明代杜集种类较多，内容丰富全面。杜甫诗文集包括《杜少陵集》《杜工部诗》《杜工部诗集》《杜工部文集》《杜子美诗集》《杜工部分类诗》《杜工部全集》等不同名称的选集或者全集。千家注杜的本子包括《集千家注批点杜工部诗集》《集千家注批点补遗杜工部诗集》

① 详见李霞锋《成都杜甫草堂博物馆馆藏古籍入选第二、三批《〈国家珍贵古籍名录〉版本评介》，《杜甫研究学刊》2010年第4期。

《集千家注杜工部诗集》《重刊千家注杜诗全集》《须溪批点选注杜工部诗》等，多为明人翻刻本。杜律选注本有《杜律单注》《杜律》《杜工部五言律诗》《杜律五言》《杜律五言注解》《翰林考正杜律五言赵注句解》《杜律七言注解》《杜子美七言律》《杜工部七言律诗》等。明人编选、注解杜诗的本子有《读杜诗愚得》《杜工部诗通》《杜诗钞述注》《杜诗胥钞》《杜诗选》等，较有影响力。李杜合集有《杜工部集、李翰林集》《唐李杜诗集》《杜诗选、李诗选》《唐二家诗钞》等。下面将分类着重介绍。

杜工部诗文别集一直有很多类别，根据个人喜好或诗文风格会编选不同的杜诗成集。明正德七年（1512）《杜少陵集》，10 卷，明张潜编，山西宋灏校刻本，8 册，10 行 20 字，四周单边，白口，线装，钤“石仓”“石仓藏书之印”等印。① 以诗体编次，个体之内不编年，诗文无注，校订甚精。内容分类为卷一、二为五古，卷三为七古，卷四绝句，卷五、六为五律，卷七、八是七律，卷九附录，卷十杂文。该书由于其独特的体例，且传世稀少，具有重要的历史、学术、版本价值。明嘉靖五年（1526）净芳亭《杜工部诗》，残存卷一、六，明许宗鲁编，10 册，12 行 22 字，白口，左右双边，有朱笔圈点，评语较多。中逢下有“净芳亭”三字，“净芳亭”为许宗鲁斋名，此本为明刻小字本。诗分体，后又依编年排序，与宋人之分门类略有不同。明万历二年（1574）李氏自刻《杜工部分类诗》，11 卷赋 1 卷，明广陵李齐芳编，6 册，9 行 18 字，白口，四周单边，单鱼尾，有朱笔批点。诗按内容分类，首纪行、述怀，终送别、杂附。明万历四十年（1612）海盐刘氏《杜工部全集》，66 卷，明刘世教编校，6 册，编排顺序按赋、五古、七古、五律、七律、排律、绝句、杂文，为合刻李杜全集本。以上可见明人编排杜诗大致按体分类，体下或按编年排序，也有按内容分类。李齐芳编《杜工部分类诗》自序云：“杜诗传者甚多，有古本、有蜀本、有集略、有小集、有少陵、有别题、有杂编，有千家虞赵注，序者持异同，解释分户牖。……予深慨夫学人之无宗也，暇日得别本玩之，为之分门别类，加以裁割。”可见其编目初衷，然后周采泉《杜集书录》评价“其所分之类，较宋代之门类为简。但杜诗分类，为编杜之下乘，如本集秦州杂诗与秋兴八首强作聪明，任意割裂……故其书不为世所重，未见有翻刻本”②，但是这种尝试为杜诗分类的精神还是值得赞赏的，

① 版本特征详见丁浩编著《杜甫草堂博物馆馆藏精品版本卷 · 书海拾贝》，四川文艺出版社 1982 年版。

② 周采泉：《杜集书录》，上海古籍出版社，1986 年，第 134—135 页。

只是限于才识，偶有谬误。

“千家注杜”产生于宋代，由于宋人对前代文学创作成就的重视，出现了一大批校勘家和笺注家对杜集进行研究和整理，号称“千家注杜”。宋以后，研究杜甫之风愈烈，其中有对千家注杜的翻刻，最受推崇者为元人刘辰翁评点，其门人高崇兰编集的《集千家注批点杜工部集》，明代重刻之本甚多，草堂所藏各具特色。[①] 有元末明初《集千家注批点补遗杜工部诗集》二十卷并附录、年谱、目录各一卷，10 行 23 字，小字双行同，黑口，四周双边，双鱼尾，此本纸质、墨色及刻工均属上乘，与元本风格相近。还有嘉靖九年（1530）王九之依金銮正德本翻刻的《集千家注批点补遗杜工部诗集》二十卷，与前本行字有异，其余相似之处颇多。明刻千家注杜佼佼者为嘉靖十五年（1536）玉几山人刻《集千家注杜工部诗集》，20 卷附文集 2 卷，8 册，8 行 17 字，四周双边，白口，双鱼尾。玉几山人姓曹名道，字达之，玉几为其号。此本依据高楚芳本翻刻，全录高本之注，校雠精深，版阔字大，刻印俱佳。因此，后人据其版篡名重印较多，草堂藏明易山人本既是将“玉几”挖改“明易”而成。万历间还有金銮刻《重刊千家注杜诗全集》和黄升刻《集千家注杜工部诗集》，均为二十卷附文集二卷。金銮本编次同高本，按编年排序。黄升本刻于陕西，依据金銮本梓刻，所不同者是依体编次，各体之中再编年，为明代陕西所刻唯一一部杜集，传世极罕见，二本皆弥足珍贵。明代除以高本为蓝本翻刻的千家注外，还有以元人彭镜溪本为祖本者称《须溪批点选注杜工部诗》，22 卷，4 册，11 行 18 字，四周单边，白口，黎尧卿刻，刻于正德四年（1509），草堂有藏。所载评语比高本简略，亦有高本未录者，可与高本互参，但由于刊刻质量较差，高本一出，即被冷落，后不易见。草堂另有许自昌续本、杨人驹刻本、毛晋刻本千家注，此不赘述。

律诗是杜诗的精华，明人对杜甫律诗格外关注，对杜律进行选评与解说，是明代治杜的一大特色。现存明代杜律选本有 40 余种，以嘉靖、万历间刊刻选本较多，草堂所存十余种。所藏单复《杜律单注》十卷为明代第一部杜律选本，明陈明辑，明嘉靖十一年（1532）景姚堂刻本，8 行 22 字，四周单边，白口，单鱼尾。此书系陈明选辑单复《读杜诗愚得》十六卷中律诗 149 首而成，代表了杜诗由全集注本向杜律单行注本的转变。[②] 另外草堂所藏明万历二十一年（1593）孙鑛批点《杜律》四卷，9 行 20

① 详见丁浩《杜甫草堂藏明刻杜集述评》，《杜甫研究学刊》1990 年第 3 期。

② 王永波：《明人对杜甫律诗的选编与批评》，《北京大学学报》（哲学社会科学版）第 53 卷第 3 期，2016 年 5 月。

字，白口，四周单边，单鱼尾，也是五七律合注本，首七律，次五律，所收诗篇较少。杜律五言注本较为有名的是赵汸的《杜律五言》，后翻刻本较多，草堂所藏有《杜工部五言律诗》《杜律五言注解》《翰林考正杜律五言赵注句解》等。赵汸（1319—1369），字子常，号东山，休宁（今安徽省黄山市休宁县）人，元延祐至明洪武间在世，在元官枢密院都事，入明修《元史》，有《东山存稿》及《周易文诠》等著述。明正德九年（1515）鲍松《杜工部五言律诗》二卷，8行18字，小字双行同，四周双边，白口，单鱼尾，刻印精良。《杜律五言》为明万历七年（1579）桐花馆刻本，2卷2册，8行16字，四周双边，白口，单鱼尾，版心下刻“桐花馆”三字。明万历十六年（1588）吴怀保七松居刻《杜律五言注解》三卷，9行20字，单边，白口，单鱼尾，字仿赵体。还有万历三十年（1602）建邑宗文堂刻《翰林考正杜律五言赵注句解》三卷，10行21字，白口，四周双边，单鱼尾，其“宗文堂”是建邑郑豪书坊之名，此为坊刻本，刻印有元本风范。七律为元人虞集所注较为出名，明代版本甚多，卷数体例各不相同，草堂有明嘉靖二十六年退省堂《杜律七言注解》二卷，9行20字，白口，四周单边，双鱼尾，诗分类编次；明万历四十三年（1615）《杜工部七言律诗》二卷，为明冯惟讷删减本，9行19字，四周单边。草堂藏杜诗七律本还有明万历四十五年闵齐伋刻三色套印本《杜子美七言律》，为明郭正域批选，2册，8行18字，左右双边，不分卷，卷内钤印“闵齐伋印”，可见为刻者原藏初刻本；明张綖本义《杜工部七言律诗》四卷，2册，11行22字，黑口，左右双边，双鱼尾。以上七律本编次体例和刻印风格又不相同。

明人编选刻印杜集传承宋代，又有发展拓延，取得了很大的成就，种类众多，下文详述。

李白和杜甫开创了两个不同的诗歌流派，文学界向来喜欢李杜并论，反映在诗集编著上，二人合刻之本甚多，草堂所藏明代李杜合集有四五种。明正德八年（1513）鲍松《杜工部集、李翰林集》，80卷16册，宋蔡梦弼编，10行20字，四周单边，白口，钤“南疑子拄笏楼藏书”印。明嘉靖二十一年（1542）无锡万虞恺《唐李杜诗集》，16卷8册，明万虞恺辑，12行22字，左右双边，白口，首为李集古赋。明万历凌濛初《李诗选、杜诗选》朱墨套印本，11卷2册，明杨慎选，8行18字，四周单边，李诗古风在前。明万历六年（1578）《唐二家诗钞》，12卷10册，蕲水李献、襄阳郑继之刻，宣城梅鼎祚选释，8行16字，四周双边，白口，单鱼尾，李诗乐府在前，钤“粹芬阁”等收藏印。由上可知，李杜合集大都分体分类，李集在前，而编排体例又各不相同。正德、嘉靖时期，李杜诗集大多为单行本，在万历初期开始形成合流，可以看出明人李杜并重的观念。

二、反映明代不同时期的刻印风格

明代的刻书风格可分为三个阶段：洪武至弘治，正德至隆庆，万历至崇祯。[①] 明代三个阶段在刻书的版式、字体、纸张等方面都各有变化，形成不同的特色。草堂所藏明代部分杜集亦对明代不同时期的刻印风格有所反映，可以看出雕版印刷技术的发展变化和日益精进。

明初期刻本大多是“黑口赵字”，继承元代刻书的版式风格，纸张多用黄、白绵纸，很少用麻纸与竹纸。如刘辰翁批点高楚芳编的明初《集千家注批点补遗杜工部诗集》及明天顺二年（1458）江阴朱熊刻单复撰《读杜诗愚得》就是上下粗黑口，四周双边，双顺黑鱼尾，赵体字。赵体黑口有些地方一直维持到万历、天启年间仍不变化，与有明一代相始终，如元高楚芳编《集千家注批点杜工部诗集》、明嘉靖张含杨慎批选《杜诗选》等。

明中期一面大量翻刻宋本，一面仿宋新刻，多为白口，字体结构趋方正，常用白绵纸，其次是竹纸。书口由黑转白是刻书精细的表现，明中期至后期一直流行此种版式。正德时期的刻本多为白口单边，如明正德七年（1512）张潜辑《杜少陵集》十卷、明正德八年（1513）鲍松刻蔡梦弼编《杜工部集》、明正德黎尧卿刻刘辰翁批点虞集注解《须溪批点选注杜工部诗》均是四周单边，白口，无鱼尾，字体方正，笔画圆润。嘉靖时期刊刻的书籍，绝大多数都是纸白墨黑，行格舒朗，白口，左右双边，颇有宋版遗风。如草堂藏明嘉靖五年（1526）净芬亭刻许宗鲁编《杜工部诗》、明嘉靖二十一年（1542）无锡万虞恺辑《唐李杜诗集》、明嘉靖净芬亭刻许宗鲁编《杜工部诗》、明嘉靖高楚芳编《集千家注杜工部诗集》均为左右双边，也有四周双边如明嘉靖十五年（1536）玉几山人刻高楚芳编《集千家注杜工部诗集》，和四周单边的如明嘉靖二十六年（1547）退省堂《杜律七言注解》，鱼尾或有或无，或白或黑，多为双对鱼尾，但大致都是白口，字势铿锵，笔锋锐利，仿宋版特点突出。

---

① 明代版刻阶段分期依据黄永年著《古籍版本学》，江苏教育出版社，2009 年，第 110 页。

明晚期由于印刷技术不断提高，各类印本大量出现，字体变长，更加规则，形成“白口长字有讳”的变化，开始避崇祯的讳。用竹纸较多，其次是绵纸、毛边纸、毛太纸①。关于明代刻书分期，有所分歧，赵前老师著的《明代刻书概述》认为晚期应从万历后期开始。从草堂藏大量明万历时期的杜诗刻本分析，万历时期基本上继承了中期白口、字体方正，或赵体或宋体的风格，如万历二年广陵李齐芳编刻《杜工部分类诗》、万历十六年吴怀保刻赵汸注《杜律五言注解》及万历四十三年虞集注冯维讷删《杜工部七言律诗》为赵体字，而宋版由于其刀法剔透、端庄古朴、纸墨精良等优点，历来被世人推崇，其版式一直占据着雕版印刷的主流，明后期的大量书籍亦为仿宋，如万历六年梅鼎祚编次《唐二家诗钞》、万历七年桐花馆刻赵汸注《杜律五言》、万历九年金鸾校刻《重刊千家注杜诗全集》、万历三十年长洲许自昌校刻《集千家注杜工部诗集》、万历三十年宗文堂刻《翰林考正杜律五言赵注句解》、万历四十年海监刘世教校刻《杜工部全集》、崇祯三年毛晋自刻《杜工部文集》等。但是，明晚期出现的不同于前的版刻特点就是字体变为瘦长，这样可以多刻文字，节省板材，版式也因此变得疏朗美观，便于阅读，如明万历二十一年孙月峰批点《杜律》、明万历四十五年闵齐伋刻郭正域批选《杜子美七言律》、明万历凌濛初刻杨慎选《李诗选·杜诗选》朱墨套印本等。

明代私人刻书和坊肆刻书是比较普遍的。刻梓者主要是文人雅士和一些官员，刻书质量较高。除私人刻书外，全国各地的坊肆在明代大量刻书，使刻书业得到了长足发展，推动了文化和科技的兴盛。草堂所藏明代杜集也有很大一部分是私人刻书或坊肆刻书。私人刻书有：黎尧卿刻于正德四年（1509）的《须溪批点选注杜工部诗》；明万历二年（1574）广陵李齐芳编并自刻的《杜工部分类诗》；嘉靖九年（1530）石亭陈沂刻的《集千家注批点补遗杜工部诗集》；嘉靖十五年（1536）玉几山人刻的《集千家注杜工部诗集》；万历四十年（1612）海盐刘世教编校并刻印的《杜工部全集》等等。这些私人刻书大多不为出售，不惜工本，纸墨精良，刻书者本人又学识渊博，参与编校，所以其中不乏善本，如嘉靖十五年（1536）玉几山人刻《集千家注杜工部诗集》，此本依元本翻刻，校雠精深，版阔字大，实为善本中的精品。坊肆刻书有：嘉靖十一年（1532）景姚堂刻《杜律单注》；嘉靖二十六年（1547）退省堂刻《杜律七言注解》；万历七年（1579）桐花馆刻《杜律五言》；万历三十年（1602）宗文堂刻

① 郭大仁：《杜甫草堂博物馆馆藏古籍探索》，《杜甫研究学刊》2001年第3期。

《翰林考正杜律五言赵注句解》等等。坊肆刻书不同于私人刻书之处主要是为盈利，所以会刊刻时局所需较流行的本子，多刻小说、戏剧、医书、科举用书、生活用书等，价格低廉，销量较大但质量稍逊，如金陵、建阳坊肆刻书，也刻较为著名的诗词文集，如杜甫律诗选集，版心下方或牌记处多标明刻书机构名称，如“景姚堂”“桐花馆”标示于版心下方，“宗文堂”见于牌记。坊肆刻书由于销量较大，流传于世的版本也较多，成为文化传承的重要载体。

明代在传统雕版印刷技术继续发展的同时，套色印刷技术也被创造了出来，从而将雕版印刷技术推向了极致。这种技术最早起源于元代至元六年（1340），明代最著名的套版印刷为吴兴的闵齐伋及凌濛初两家，套色也由朱墨两色向多色发展。草堂藏《杜子美七言律》即为明万历四十五年闵齐伋刻朱黛黑三色套印本，《李诗选、杜诗选》为凌濛初刻朱墨二色套印本。墨色为正文，朱笔等为圈点评注，显著明朗，便于阅读者辨识区分。

三、明代对杜甫诗歌的研究与传承

明代对杜甫诗歌的研究虽不及宋、清，但也有自己的特色，明人对杜诗的研究方式主要是选评和评点，如上文所述的五言律诗选本和七言律诗选本就是选集本，可见明人对杜甫律诗的喜爱。明代研究杜诗的成就还体现在对杜诗的编选、评点、注释以及题跋上，如《读杜诗愚得》《杜工部诗通》《杜诗钞述注》《杜诗胥钞》《杜诗选》等。

草堂所藏《读杜诗愚得》为明天顺二年（1458）江阴朱熊景姚堂刻本，18 卷，16 册，12 行 24 字，黑口，四周双边，双鱼尾，体现了明早期版刻特色，字体书写和排列并不是那么工整严谨。作者为单复，字阳元，剡源（今浙江嵊州市）人，明洪武间汉阳知县，博古通今，著述极丰富，为明初浙东名士。单复在《读杜诗愚得自序》中认为杜诗注释者虽众，但多有穿凿附会，即使是刘须溪的评点也“未明作者立言之旨意”，所以他为了弥补前人的不足，就“取杜子美长短古律诗……考其出处……分阶段以详其作诗命意之由，及遣词用事之故。且于承接转换照应处，略为之说，其诸家注释之当者取之，而删其穿凿附会者”。单氏重订了年谱，将诗目列于年谱之中，而分卷列之，不再另著目录，较为独特。注释全列于诗末，先引前人语，后为其评语，用符号“○”标示，颇有自己独到见解。《读杜诗愚得》传本较少，初刻本为朱善庆宣德九年（1434）刻本，草堂所藏为其子朱熊重刻本，今天能见到的也就二三部，甚是珍贵。

明隆庆六年（1572）张綖编撰《杜工部诗通》，16卷，6册，10行22字，白口，四周单边。张綖，明代诗文家、词曲家，字世文，自号南湖居士，高邮（今属江苏）人，官光州知州。张綖所编依据元人范椁德机《批选杜诗》略作增补，选诗340余首，不分体，只编年，对前人注释穿凿之说多有辨正，各篇均有简明题解，诗歌注释先诠释，后串解，并分析章句之法，采宋人之说加以融会贯通，颇多见地。《杜工部诗通》传本较多，此本为现今所见最早刻本。

明天启间林兆珂撰《杜诗钞述注》，16卷，16册，8行20字，白口，四周单边。林兆珂，字孟鸣，莆田（今属福建）人，官刑部郎，历知廉州、衡州、安庆，能诗，有《林伯子诗钞》。《杜诗钞述注》刻于林兆珂出任衡州知州时，当在天启年间。自序述其刻书经过，称其闲暇之余喜读诗史，手抄成帙，并间附己见，成书为《杜诗钞述注》，后出任衡州，见衡州不得善本以传，故取所抄者付梓补衡地之缺。共选诗六百余首，或采自“千家注”，或自注，依据个人好恶选注诗篇。《四库全书总目提要》评其：“然甫诗全集凡一千四百余首，巨制名章，往往不录。而于《杜鹃行》《虢国夫人》二诗，向因黄鹤、陈浩然二本误入者，反并登选。其《秦州杂诗》二十首，则仅录八首。《游何氏山林》十首，则仅录六首，竟以‘其一’‘其二’标写次第，似原诗止有此数，尤不可解。至注中援引事实，多不注出典。此又明代著述之通病，非独兆珂一人矣。”

明崇祯五年（1632）尊水园《杜诗胥钞》刻本，卢世㴶编撰，15卷，6册，8行19字，白口，四周单边，单鱼尾，有圈点批注。卢世㴶，字德水，一字紫房，号南村病叟，德州（今山东德州）人，明天启进士，任户部主事、监察御史等职，博通经史，喜好杜诗，于居处尊水园建杜亭，设杜像祭祀，自号“杜亭亭长”，与钱谦益交情甚密。《杜诗胥钞》分体论杜诗，体下编年，顺序为五古、七古、五律、七律、五七言排律、五七言绝句等。《杜集书录》谓其“为白文无注之选本，分体编次，收全诗曰十分之八，取舍精当，选诗中卷帙之多仅次于全集，为清人选杜之可法者”①，评价甚高。此本系卢世家刻，未见后人翻刻，传本极少，草堂所藏为原刻，为难得之珍本。

草堂所藏《杜诗选》有两种，一为杨慎批选万历间刻朱墨套印本，一为张含、杨慎批选嘉靖间刻本。杨慎，字用修，号升庵，新都（今属四

① 周采泉：《杜集书录》，上海古籍出版社，1986年，第339页。

川）人。正德六年（1511），殿试第一，授翰林院修撰，世宗继位，任经筵讲官。平生著述极富，明代推为第一。其编选的《杜诗选》按年编次，选诗240首，由于其精通考据训诂之学，故其评语多详析用典用语，补辨前人的阙误，仇注引者甚多。嘉靖间的刻本为6卷，8行18字，黑口，四周双边，双鱼尾，除杨慎批注外，还有张含批选并附增注，小字双行附于诗句之下，比万历本简略，无套印。

由上可见，明人注杜多重选本，全集较少，根据个人喜好选编，评论方式多为点评加集解，亦借鉴前人之语，也多有见地，要言不烦，注重结构分析和大意阐释，由传统的重笺注转为着重诠释诗意，援引事实，多不出典，考据之学稍逊清人。明人自编选本多因喜爱，自梓刻印，传本较少，影响也远不如宋代及清代，但诗歌文化总是相继传承，明人之功亦不可没。

明刻本《大般涅槃经》《大学衍义》题记

胡艳杰

天津图书馆藏明刻本2000余部，包含明代各个时期、各种类型及经史子集四部的图书，其中不乏名家收藏、批校、题跋本。在检阅这2000部图书时，发现其中二部明刻本，从其钤印、流传、收藏等角度看都具有显赫的地位，价值珍贵。这二部书的共性：无刻书序跋、残本、密行小字、行格数自成系统、双黑鱼尾、黑口、四周双边或左右双边，书中钤印有“宋本”字样。有经验的版本鉴定专家一眼看过去，就知道是明刻本，还会说上一句就是这个样子，有时被误认为宋本，鉴别时要多加仔细。这种只可意会不可言传的鉴定经验，对于初学者来讲只有经过多看、多比较才能积累出来。本文所举二部明刻本，也许会提供一些启发和经验。

一、明刻本《大般涅槃经》

（一）基本信息及版刻特征

1. 大般涅槃经四十卷，（北凉）释昙无识译，存卷一至三十，六册一匣。子部，宗教类，普查登记号120000-0301-0000336，索书号S176。

2. 字体：赵体字，结构、点画灵动，氵、丷等笔画连笔。大字小字间无明显区别。

3. 版式：十四行二十七字，大黑口，双黑鱼尾，上鱼尾下简称书名、卷次，下鱼尾上方记页次。四周双边，不记刻工姓名。

4. 刻书序跋：无序跋及刻书牌记、内封等。

5. 避讳：卷十九，3B，“滋”“恒”不避讳，卷二十，6A，“兹”；卷十五5B“慈”，不避讳

6. 印书纸：白棉纸，老化发黄。

7. 装帧：四眼，线装。

8. 断句：加圈断句，用反切方法注音。

（二）流传特征

1. 装具：此书6册，木匣装，匣上镌刻“宋刊/大般涅槃经”。

2. 印章：从卷一至卷三十，印章累累，颜色深浅不一，涉及明清著名文学家、书画家、藏书家共计11人，包括刘基、方孝孺、吴宽、唐寅、边继祖、边连宝、边葆恕、戈涛、桂馥、纪昀、徐世昌。印章具体情况如下：

（1）每册书皮绢面上均钤盖“任丘边葆恕/印州氏藏书”。按：边葆恕，晚清边氏家族人。

（2）护叶钤印，由左至右，

a“退耕堂藏书记”，朱文方印，2. 8×2. 8cm；

按：徐世昌（1855—1939），字卜五，号菊人，又号弢斋、东海、涛斋，晚号水竹村人、石门山人、东海居士。直隶（今河北）天津人。民国七年（1918），被选为民国大总统。十一年（1922）辞职，退隐天津租界以书画自娱。一生编书、刻书30余种，如《清儒学案》《退耕堂集》《水竹村人集》等。

b“任丘边葆恕/印州氏藏书”，白文长方印，6. 1×2. 5cm，

c“海内存/知己天涯/若比邻”，朱文方印，2. 5×2. 5cm；

按：印主待考。

d“□□/世若/六梦”，2. 6×2. 5cm

按：印主待考。

（3）卷端钤印

a“天津市/人民图/书馆藏/书之章”，朱文方印；“善本/鉴定”，朱文长方。按：这两方印为天津图书馆早期印章。

b“宋/本”，朱椭圆，2. 5×0. 9cm。按：这枚印章有趣，何时何人所钤，是书贾做假，还是鉴定水平所致，待考。

（4）卷五末，钤盖7枚钤，具体如下：

a“刘基/之印”，白文方印，3. 8×3. 8cm。按：刘基（1311—1375），字伯温，青田县南田乡人，谥号文成，后人称他刘文成、文成公。洪武三年（1370）封诚意伯，又称刘诚意。元末明初的军事家、政治家、文学家，与宋濂、高启并称“明初诗文三大家”。

b“方孝/孺印”，白文方印，2. 5×2. 5cm；“希/古”，朱文方印，2. 6×2. 6cm。按：方孝孺（1357—1402），字希直，一字希古，号逊志，谥文正，宁海人。曾以“逊志”名其书斋，因其故里旧属缑城，故称“缑

城先生”；又因在汉中府任教授时，蜀献王赐名其读书处为“正学”，亦称“正学先生”。明代文学家、散文家、思想家。著有《逊志斋集》等。

c“一字/伯文”，朱文方印，2. 7×2. 7cm。按：印主待考。

d“边继/祖印”，白文方印，2. 2×2. 2cm。按：边继祖（？—1758），边氏家族人，连宝叔父。

e“随园/赏/鉴章”，白文方印，2. 3×2. 3cm；“连宝/私印”，白文方印，2. 2×2. 2cm。按：边连宝（1700—1773），字赵珍，后更肇畛，号随园，晚年自号茗禅居士。直隶任丘边各庄村人。与钱陈群、李绂、戴亨、胡天游、蒋士铨相知，与纪晓岚、刘炳、戈岱、李中简、边继祖、戈涛并称为“瀛州七子”。著有《随园诗草》《病馀长语》。

（5）卷十末，钤印3枚，

a“未/谷”，朱文方印，2×2cm；“桂馥/之印”，白文方印，2×2cm。按：桂馥（1736—1805），字未谷，一字东卉，号雩门，别号萧然山外史，山东曲阜人。书法家，文字训诂学家。精于考证碑版，以分隶篆刻擅名。曾为“阅微草堂”题写匾额。著有《说文解字义证》《缪篆分韵》等。

b“水竹/邨人”，朱文方印，2×2cm。按：徐世昌。

（6）卷十五末，3枚钤印，由下而上：

a“弢/斋”，朱文方印，2×2cm。按：徐世昌。

b“原/博”，朱文方印，2. 2×2. 2cm；“吴宽/之印”，白文方印，2. 2×2. 2cm。按：吴宽（1435—1504），字原博，号匏庵、玉亭主，直隶长州（今江苏苏州）人。明代诗人、散文家、书法家，著有《匏庵集》等。

（7）卷二十末，1枚印章，“退/园”，白文方印，2. 1×2. 1cm。（按：印主待考）

（8）卷二十五末，2枚印章，由左至右，a“吴越/世家”，朱文方印，2×2cm。按：印主待考。

b“水竹/邨藏”，朱文方印，2×2cm。按：徐世昌。

（9）卷三十末，5枚印章，由左至右，由下至上：a“伯/虎”，朱文方印，1. 8×1. 8cm；“唐寅/之印”，白文方印，1. 8×1. 8cm。按：唐寅（1470—1524），字伯虎，后改字子畏，号六如居士、桃花庵主、鲁国唐生、逃禅仙吏等，苏州人。与祝允明、文征明、徐祯卿并称“吴中四才子”。绘画上与沈周、文征明、仇英并称“吴门四家”，又称“明四家”。明代画家、书法家、诗人。代表作有《骑驴思归图》《山路松声图》《事茗图》等。

b“纪昀”，朱文方印，1. 3×1. 3cm。按：纪昀（1724—1805），字晓岚，一字春帆，晚号石云，道号观弈道人，谥文达，直隶献县（今河北沧州市）人。清代政治家、文学家，任《四库全书》总纂修官。著有《阅微草堂笔记》《纪文达公遗集》等。

c“鞠/人”，朱文方印，1. 8×1. 8cm。（按：徐世昌）

e“徐印/世昌”，白文方印，1. 9×1. 9cm。（按：徐世昌）

（10）戈涛题迹末，钤印“戈涛之印”，白文方印，1. 1×1. 1cm。按：戈涛（1716—1768），字芥舟，号蘧园，直隶献县人。著有《坳堂诗集》十卷，及《坳堂杂著》《畿辅通志》《戈氏族谱》《献县志》等。

从印主生活时代、生活地域、交友活动及印章颜色可推断，书中边继祖、边连宝、边葆恕、桂馥、纪昀、徐世昌为真，此书经边氏家族收藏，后为纪昀所得，后为徐世昌收藏，最终入藏天津市人民图书馆。

查西南大学图书馆藏一部《施注苏诗四十二卷总目二卷王注正讹一卷墓志铭一卷本传一卷年谱一卷续补遗二卷》，清覆刻康熙三十八年（1699）本，佚名录纪昀、戈涛等批点；钤有戈涛、边连宝、纪昀印记，具体如下：“戈涛”，白文方印，1. 2×1. 2cm；“边宝/私印”，朱文方印，2. 2×2. 2cm；“随/园”，朱文方印，2. 2×2. 2cm；“昀/印”，朱文长方印，2. 1×2. 1cm。通过比较，也可断定边连宝印记为真。

3. 题跋

卷三十末新加2叶白棉纸，墨笔题记：

后世神怪之迹多附于道家，道家亦自矜其异，如《神仙传》《道教灵验记》是也。要其本始则主于清净自持，而济以坚忽之力，以柔制刚，以退为进，故申子、韩子流为刑名之学，老庄以济世之学，而《涅槃经》一书可通于修仙之路，明世界之迁变，其兼长生之说与神仙家合为一，而服饵道入之，房中一家近于神仙者亦入之，《鸿宝》有书，烧炼入之，张鲁立教符箓入之，北魏寇谦之等，又以斋醮章咒之。世所传之述，大抵多令人轨正静心修身御患防逆之学，非其本旨。彼教自不能别，今亦无事于区分，然观其遗书源流迁变之故，尚一一可稽也。此书北凉天竺三藏昙无谶奉诏译所著，相传褚河南特为工法缮写本，至宋真宗咸平二年命翰林院侍读学士邢昺、孙奭等校阅，以板刊行，御旨禁肆翻刻，天禄琳琅本三十卷无目序，此本亦无目序，诚为宋刊之祖本无讹也。而纸墨古雅，楷书遒劲，精整端肃，世间寡见之秘宝也。每半页十四行，每行念七字，与《郡斋读书志》合。乾隆

丁酉清明前三日沐手书于茗禅斋献陵蘧园戈涛谨题。(钤“戈涛之印”白文方印)

按：此篇题迹亦为伪作，且技法粗陋，只要稍加甄别，即可找出破绽：(1) 乾隆丁酉，即乾隆四十二年 (1777)，此时戈涛已去世 9 年，边连宝去世 4 年。(2) 茗禅斋，为边连宝斋号，非戈涛斋号。(3)“此书北凉天竺三藏昙无谶奉诏译所著……诚为宋刊之祖本无讹也。”论及版本，古籍作伪。(4) 查《郡斋读书志》并未著录此书。

4. 书目著录

《中国古籍善本书目》四十卷本仅仅著录

大般涅槃经□□卷　宋刻本

大般涅槃经四十卷　明刻本

5. 传世版本行格

(1) 5 行 15 字本：明万历二十八年 (1600) 刻本，明刻本，清刻本，清抄本。

(2) 10 行 20 字本：清康熙十八年 (1679) 刻本，清光绪五年 (1879) 刻本。

(3) 14 行 27 字本：明刻本。

二、明刻本《大学衍义》

(一) 基本信息及版刻特征

1. 大学衍义四十三卷，(宋) 真德秀撰，存卷三十二至三十五，1 册，子部，儒学之属，普查登记编号 120000-0301-0000284，天津图书馆索书号 S125。

2. 字体：颜体字，字体发扁。大字小字间无明显区别。

3. 版式：十一行二十一字，线黑口，双黑鱼尾，上鱼尾下记字数，下鱼尾上方记页次。左右、四周双边间有，不记刻工姓名。

4. 避讳：不避讳。

5. 纸张：黄棉纸。

6. 装帧：四眼，线装，改为金镶玉装，板框 17. 2×11. 4cm。

7. 断句：无句读，无注音。“臣按”为大字，小字注释，卷三十四，2B，首行“春秋隐五年……鱼于棠”后有一个一“○”，为刻书时所遗漏。

(二) 流传特征

1. 钤印：

（1）卷三十二首页，钤印：

“天禄/琳琅”，朱文方印，1. 6×1. 6cm；

“乾隆/御览/之宝”，朱文椭圆，4. 5×3. 5cm；

“呆厂”，朱文椭圆印，2. 5×1. 2cm；（按：印主待考）

“胡氏所/藏宋本”，白文长方印，2. 9×1. 6cm。按：胡氏是近代著名藏书世家胡凤丹。胡凤丹（1828—1889），字月樵，官至湖北督粮道，致仕后筑十万卷楼。月樵之子胡宗楙，号季樵，光绪二十八年（1902）举人，藏书处曰梦选楼。胡月樵十万卷楼藏书，因家道中落多半散佚。胡季樵重新搜集，奠定梦选楼藏书规模。季樵后迁居天津，梦选楼书随之移置津门。季樵去世后，其子胡庆昌将藏书捐赠崇化学会，后被天津图书馆收藏。

（2）卷三十五末页，钤印：

“呆厂/长寿”，白文长方印；“杏雨/？？/阁”，朱文方印；“？经/堂藏”，朱文方印；“？经/珍藏金/石书画/碑帖记”，朱文方印。（按：印主待考）

“乾隆/御览/之宝”，朱文椭圆印；“天禄/琳琅”，朱文方印。

（三）书目著录信息

1.《天禄琳琅书目及后编》

《天禄琳琅书目》卷七，明版经部，著录《大学衍义》三部，前二部为内府藏书，钤印“广运之宝”，第三部三函十五册，“此书版式字体亦与前同而无内府所钤诸玺，其模印亦远不相及，当属坊间翻刻之本”。

《天禄琳琅书目后编》卷十六，9A，明版子部，《大学衍义》二函二十册，明官刻本，季振宜藏本。

按：《天禄琳琅书目及后编》所著均为明内府刻本，即嘉靖六年（1527）司礼监刻本，或依内府刻本所翻刻。天津图书馆藏有内府刻本，即S126，八行十四字小字双行字同黑口四周双边。嘉靖本字体分大、中、小三号字，正文大字，注释小字，“臣按”中号字，白棉纸，有句读。

2.《故宫善本书目》

《故宫善本书目》，天禄琳琅书目，目一，25B，《大学衍义》，二函二十册，（宋）真德秀撰，四十三卷，明嘉靖六年内府刊本。

《故宫善本书目》，天禄琳琅外书目，目二，7B，《大学衍义》存卷十二至二十二卷，三十六至末，凡十九卷，十二册，（宋）真德秀撰，元刻本，半叶十行行二十一字。

3.《增订四库简明目录标注》

《大学衍义》四十三卷宋真德秀撰。康熙中刊本，乾隆四年尹一会重刊；明嘉靖六年内府刊本；又明刊小字本；明陈仁锡刊本；内府及平津馆均有元刊仿宋巾箱本；明杨帘节略本。绣谷亭《书录》云："此宋板明印，较世本颇佳，殆即南监板欤？"

［续录］宋刊大字本，中框；元刊本，元本十一行二十一字；明小字本，卷末刻某人校正；明弘治刊本；续补衍义本；金陵本；刻全集浦城遗书本；咸丰六年武英殿刊满汉合璧本。

4.《中国古籍总目》著录元明刻本

元刻本（上海、国图）

元刻明刻本（北师大、华东师大、辽宁、甘肃）

明弘治十五年周津刻本（略）

明嘉靖六年司礼监刻本（略）

明嘉靖吉澄刻本（略）

明万历四年吴情刻本（略）

明崇祯十一年杨鹗刻本（略）

明崇祯间陈仁锡刻本（略）

明刻本（国图　天津　复旦　南京　辽宁　吉林　山西　河南　华南农大　云南）

明末刻本（上海）

……

按：国家图书馆藏本11行21字本，如下：

大学衍义四十三卷，（宋）真德秀撰，元刻本，11行21字，小字双行同，黑口，左右双边。S03309

大学衍义四十三卷，（宋）真德秀撰，明刻本，11行21字，黑口，左右双边。S05129

这两部均为11行21字本，一为元刻本、一为明刻本，天图所藏之本可加以比较。

（四）可知版本行格

1. 10行21字：（1）元刻本；（2）明崇祯十一年（1638）杨锷刻本；（3）清刻本。

2. 11行21字：（1）元刻本；（2）明刻本。

3. 8行14字：明嘉靖六年（1527）司礼监刻本。

4. 10行20字：（1）清同治十一年（1872）浙江书局刻本；（2）清同治十三年（1874）金陵书局刻本；（3）清光绪二十年（1894）桂垣书局

刻本。

伪造宋本开始于明中后期，这种伪造一种是故意为之，利用挖补、做旧等手段；一种是鉴于当时的鉴赏水平有限。后者在一部书的流传过中，也体现了一个时期人们对宋本的认识水平。本文所举两部明刻本，虽在版式上具有明显的明代刻书特征，但整体风貌、字体仍具有一定的迷惑性，加之钤盖印章，此类图书需仔细甄别，同时证明用钤印判定版本只能是一种辅助手段。

参考文献

[1] 张允亮：《故宫善本书目》，故宫博物院，1934年铅印本。

[2] 邵懿辰撰，邵章续录：《增订四库简明目录标注》，1959年12月。

[3]（宋）晁公武撰，孙猛校证：《郡斋读书志校证》，上海古籍出版社，1990年10月。

[4]《天禄琳琅书目及后编》，《清人书目题跋丛刊》，中华书局，1995年8月。

[5]《古籍版本学》，黄永年，江苏教育出版社，2009年6月。

[6] 中国古籍总目编纂委员会：《中国古籍总目》，中华书局，上海古籍出版社，2010年10月。

汉代赋论研究综述

王　帅

一代有一代之文学，汉赋是两汉时期的最重要的文学样式。所谓“赋论”，何新文先生认为，“即关于赋的创作、欣赏及其功用、价值等的理论与批评”①。而汉代赋论是我国古代赋论的发轫期，所体现的是汉代人自身对于汉赋的认识与反思。研究汉代的赋论，对于研究汉代的文学观念、审美意识乃至思想观念都有重要的意义。20 世纪 80 年代以来，随着辞赋研究的发展，对于中国历代赋论的研究也有了重大发展，而本文就是试图梳理学界关于汉代赋论的研究。

一、汉代赋论及研究概说

汉代赋论大多是片段式的，散见于历史、哲学等学术著作中。按照评论者的身份，大体可以分为四类：一为赋家之赋论，如司马相如（保存在葛洪《西京杂记》卷二中）、扬雄、张衡、王逸、王延寿、蔡邕等人的赋论；二为史学之赋论，如司马迁在《史记 · 司马相如列传》《史记 · 太史公自序》中论赋的内容，班固在《汉书 · 艺文志 · 诗赋略》中论赋的内容等；三为帝王之赋论，如汉宣帝对汉赋的评论（见《汉书》卷六十四下《王褒传》）；四为思想家之赋论，如桓谭《新论》、王充《论衡》中关于汉赋的评论。汉代赋论讨论了赋的特点和渊源，涉及了汉赋“靡丽多夸”的艺术特征与讽谏揄扬的思想内容二者之间的关系，也评论了一些重要的作家作品；而两汉赋论活跃，具有探讨争论的性质，对于后代的赋论也产生了巨大而深远的影响。

汉代以后，古人关于汉赋的研究多多少少都会涉及一些汉代赋论，但没有出现研究汉代赋论的专著。20 世纪以来，赋学研究进入了一个新的历

① 何新文：《中国赋论史 · 绪言》，人民出版社，2012 年，第 1 页。

史时期，出现了大量涉及辞赋研究的著作，但仍然没有研究汉代赋论的专著。汉代赋论最早是作为中国古代文论的一部分而进入研究者的视野之中的，例如1934年由商务印书馆出版的郭绍虞《中国文学批评史》上册就专门有一节为“扬雄之论赋”，而罗根泽则在其《中国文学批评史》第二篇专门辟出“对于辞赋及辞赋作家的评论”一章，讨论了司马迁、司马相如、扬雄等人的赋论，还讨论了扬雄赋论中“爱美”与“尚用”的冲突与融合及讽谏说等等问题。此外，朱东润于1943年出版的《中国文学批评史大纲》也有论及扬雄的赋论。中华人民共和国成立后，赋学研究相对冷寂而迟滞，汉代赋论的研究亦然。80年代以后，汉赋研究得以复兴和发展，1986年王鹏在《中国文学研究》第二期上发表《汉代赋论浅探》一文，初步总结了汉代赋论中关于汉赋的源流、艺术特征、社会作用等问题的认识，可以说是汉代赋论专题研究的开始。此后，牟世金、徐志啸、叶幼明等先后发表研究汉代赋论的论文。1991年，徐志啸的《历代赋论辑要》、高光复的《历代赋论选》先后出版，这两种赋论资料的编辑，对促进20世纪90年代的赋学研究起了推动作用。1993年，何新文的《中国赋论史稿》出版，该书是赋学界第一部以历代赋论为研究对象且兼有文献和学术价值的赋论史研究专著，是当代赋论研究的重要成果。除了相关汉赋研究及汉代文论研究著作中涉及的汉代赋论研究之外，以汉代赋论为研究对象的硕士论文有五篇，期刊论文近50篇。

本文根据研究者研究视角和方法的差异，拟从汉代赋论的文献整理和研究两个方面对汉代赋论研究作一简要综述。

二、汉代赋论的文献整理

所谓汉代赋论的文献研究，是指对于记载汉代赋论的相关文献进行梳理、选编、注释和研究。清人蒲铣编撰有《历代赋话》一书①，是对于历代赋论的一个初步整理。90年代出现了两部专门收录历代赋论的重要著作：徐志啸《历代赋论辑要》和高光复《历代赋论选》②。前者收录的资料较丰富，书末附录有《汉魏六朝赋书目》《二十四史〈艺文志〉〈经籍志〉载录赋目》《赋论资料目录汇编》（1920—1988）年，便于读者翻检；后者书中除收录赋论之外，还列有简单的作者介绍与内容注释，便于读者

① 现有何新文整理本，《历代赋话校证》，上海古籍出版社，2007年。

② 书目版本情况见文末参考文献。

了解相关背景。但是，由于这两部著作涉及的时间跨度太大，而书的篇幅较小（前者15万字，后者13万字），关于汉代赋论的部分往往只收录了一些重要的有代表性的赋家的赋论，如徐志啸《历代赋论辑要》就只收录了司马迁、扬雄、桓谭、班固、汉宣帝、王充、王逸、杨修等人的赋论，而没有收录张衡、王符、王延寿、蔡邕等人的赋论。2006年，北京图书馆出版社出版了王冠辑录的《赋话广聚》六大册，但所收录的都是论著类的赋话著作，根本没有收录汉代赋论。所以，收录赋论的专门性书籍中，汉代赋论的收录反而是不完整的。

在一些文论选书籍中，我们反而能够看到比较全面的汉代赋论。如曹顺庆主编的《两汉文论译注》最后一部分《两汉文艺理论资料汇辑》中，就收录了大量上述赋论选编著作中没有收录的赋论内容。如刘向在《说苑·复恩》说“君子为赋，小人请陈其辞”，似乎就涉及西汉时期人们如何区别辞与赋的理论问题，对于探讨赋的起源问题也是有帮助的。

以上是关于常规意义上的赋论文献的收集和整理。另外，我们也应该注意从其他的文献中发掘赋论材料。例如冷卫国的《赋中论赋：汉代赋学批评的另一种形式》[①] 一文分析了班固《两都赋》《答宾戏》，张衡《二京赋》及张超《诮青衣赋》中所暗含的赋论，这说明，除了常规意义上的赋论之外，我们在阅读其他相关文献时，应当注意其中所暗含的赋论资料。

总之，汉代赋论文献的收集和整理，是进行汉代赋论研究的前提和基础。没有文献，一切都免谈。所以，应该重视汉代赋论文献的发掘和整理。

三、汉代赋论研究

今人对于汉代赋论的研究，从研究范围来分，大体可以分为两种，一种是通论性的研究，一种则对于某个人或者某篇文献的赋论作的专题性研究。

1. 通论性研究

前一种又大体可以分为两类：一类是共时性的研究，即研究汉代赋论的思想内容及特征等等；另一类是历时性的研究，即研究汉代赋论乃至整个中国赋论的历史演变。

---

① 冷卫国：《赋中论赋：汉代赋学批评的另一种形式》，《文学遗产》2008年第三期。

共时性研究除了前文提到的王鹏的《汉代赋论浅探》之外，还有宗明华《经学桎梏下的汉代赋论》（1992年），阮忠《汉赋批评论》（1992年），龚克昌《评汉代的两种辞赋观》（1993年），许结《汉代赋论的文学背景考述》（2006年）等单篇论文，还有北京语言大学硕士王帅的《经学影响下的汉代赋论》（2007年）、四川师范大学硕士李英《汉赋评论研究》（2009年）等研究文章。宗明华和王帅都注意到了经学对于汉代赋论的影响，王帅的论文主要从汉代赋论的赋体探源（"赋者，古诗之流也"）、汉赋价值观（依经评《骚》；以《诗》论赋，要求赋要有讽谏的社会功能）、汉赋创作（宗经观念与模拟文风的形成）三个方面，论述了经学对于汉代赋论的影响。龚克昌《评汉代的两种辞赋观》分析了汉代存在两种赋论，一种以扬雄、班固等为代表，强调赋的政治社会性；另一种以司马相如、汉宣帝为代表，强调赋的文学艺术性，对于汉代赋论中的两种基本倾向做了准确的描述。而许结的《汉代赋论的文学背景考述》则试图从文学背景来解释这两种不同倾向。作者认为，汉代乐制所隐含的雅乐和郑声的双重矛盾、赋家文学侍从和儒者的双重身份等，导致了汉代赋论中存在的"诗人之赋"与"词人之赋"及"讽"与"劝"的矛盾和冲突，也较有道理。尤其是从乐制中所隐含的雅乐和郑声的矛盾的角度来解读汉代赋论中的冲突，颇有创见。

历时性研究的单篇论文主要有牟世金《从汉人论赋到刘勰的赋论》（1988年），徐志啸《历代赋论述要》（1990年），叶幼明《赋论发微》（1990年），马予静《"班马"的辞赋观与汉代赋学思想的演进》（2000年）、谭德兴《论〈诗〉学与两汉辞赋观的发展——经学与文学关系之考察》（2003年），何新文、龚元秀《论赋话的渊源及其演进》（2008年）。2011年，南京师范大学硕士阮慧钰《魏晋南北朝赋论对两汉赋论的新变》。专著则有何新文《中国赋论史稿》（1993年）及合著《中国赋论史》（2012年）。牟世金和阮慧钰的研究都是汉魏六朝赋论的变化，牟文主要强调刘勰的赋论在继承汉代的讽喻说之余，还突出了赋"铺采摛文"重视形象描绘的艺术特点，总结了文学艺术的一般规律。阮文则主要考察了曹丕、曹植和刘勰三人的赋论相对于两汉赋论的新变。徐志啸的《历代赋论述要》、何新文《中国赋论史稿》《论赋话的渊源及其演进》，都是从总体上描述中国历代赋论及其演变的论著。

2. 专题性研究

专题性研究主要是对重要人物的赋论研究，其中又以扬雄、班固等人的赋论研究为重点。

研究扬雄赋论的单篇论文主要有许结《论扬雄融合儒道对其文论的影响》(1986 年)，踪凡、冷卫国的《扬雄汉赋观刍议》(2003 年)，常昭、陈天强《由辞赋异途看扬雄赋论》(2006 年)，马光《扬雄赋论中文体自觉意识的形成》(2007 年)，王德华《扬雄赋论准则及其大赋创作模式》(2011 年)。硕士论文有 2002 年福建师范大学陈碧仙的《扬雄辞赋及其赋论之研究》。许结一文主要从扬雄学术思想儒道相杂的特点来解释扬雄文论在文与道、文与质、对汉赋的评价和对屈原的评价四个方面的矛盾。而王德华一文指出扬雄"诗人之赋丽以则"的赋论与其创作实践"以颂为劝"的分离以及所预示的汉赋以颂美为主的历史转向。

研究班固赋论的主要有孙亭玉的《论班固辞赋观》(1988 年)，踪凡的《班固对汉赋的研究》(2006 年)，李士彪《三品论赋——〈汉书·艺文志·诗赋略〉前三种分类遗意新说》(2006 年)，张朝富《矛盾与演进：〈汉书·艺文志〉赋论解读》(2007 年)，福建师范大学高引如的硕士论文《班固诗论赋论研究》(2010 年)。孙亭玉的文章比较全面地论析了班固在《两都赋序》《汉书·艺文志》及赋家列传中所表现的赋论观点，并从赋论史的角度分析了班固对司马迁、扬雄赋论的接受和后人如王逸等对班固赋论的接受，可以说首次比较完整全面地论述了班固赋论的内容及历史地位。

除此以外，还有研究西汉帝王赋论的论文如冷卫国、踪凡的《西汉帝王的汉赋观》(2004 年)，沈有珠《汉宣帝赋论发微——兼论其在赋论经学化中的导向作用》(2007 年)。研究其他人物赋论的论文还有踪凡的《蔡邕与鸿都门学的汉赋观》(2002 年)，踪凡的《试论王充的汉赋观》(2002 年)等文章。

这一方面的研究专著主要是踪凡的《汉赋研究史论》(2007 年)。《汉赋研究史论》作为第一部汉赋研究史专著，将中国古代的汉赋研究划分为两汉、魏晋南北朝、唐宋元、明清及近代凡四个时期，系统地梳理了汉赋研究的历史嬗变，尤其注重分析古代汉赋编录的体例、方法及其成败得失，肯定汉赋注释和评点在汉赋阅读与传播中曾经起到的重要作用，并对汉赋研究产生的学术背景、包蕴的文化内涵以及可资借鉴的合理因素有一定的理论思考。虽然作者所做的是汉赋研究史的研究，然而，汉赋研究史的所展现的同样也是汉代赋论在中国文学史上的接受史。

以上就是汉代赋论研究的基本情况。总体而言，汉代赋论的研究已经取得了不小的成绩，当然，也还有进一步研究的可能和必要。首先，目前的汉代赋论研究仍然主要集中在几个重要人物，如扬雄、班固、王充等人的赋论，对于其他人的赋论研究则相对薄弱，这一部分应该加强。其次，目前的汉代赋论研究虽然也部分地注意到了汉代赋论与汉代文化的关系研究，但是这种文化研究似乎主要关注到了汉代赋论与经学之间的关系，而对于汉代赋论与汉代文化的其他方面的研究则相对薄弱，这一方面也可以加强，例如许结从汉代乐制的角度研究汉代赋论的矛盾，就很有新意，学者们应该关注到汉代赋论与汉代文化其他方面的关系。

参考文献

一、重要赋学研究专著（主要是与汉代相关的，排列以发表时间为序）

[1] 龚克昌:《汉赋研究》，山东文艺出版社，1984 年。

[2] 马积高:《赋史》，上海古籍出版社，1987 年版。

[3] 高光复:《赋史述略》，东北师范大学出版社，1987 年。

[4] 高光复:《汉魏六朝四十家赋述论》，黑龙江教育出版社，1988 年。

[5] 曹顺庆主编:《两汉文论译注》，北京出版社，1988 年。

[6] 刘斯翰:《汉赋：唯美文学之潮》，广州文化出版社，1989 年。

[7] 姜书阁:《汉赋通义》，齐鲁书社，1989 年。

[8] 万光治:《汉赋通论》，巴蜀书社，1989 年。

[9] 曹道衡:《汉魏六朝辞赋》，上海古籍出版社，1989 年。

[10] 叶幼明:《辞赋通论》，湖南教育出版社，1991 年。

[11] 徐志啸:《历代赋论辑要》，复旦大学出版社，1991 年。

[12] 高光复:《历代赋论选》，黑龙江人民出版社，1991 年。

[13] 章沧授:《汉赋美学》，安徽文艺出版社，1992 年。

[14] 何新文:《中国赋论史稿》，开明出版社，1993 年。

[15] 阮　忠:《汉赋艺术论》，华中师范大学出版社，1993 年。

[16] 曹明纲:《赋学概论》，上海古籍出版社，1998 年。

[17] 何新文:《辞赋散论》，东方出版社，2000 年。

[18] 马积高:《历代辞赋研究史料概述》，中华书局 2001 年。

[19] 许　结:《中国赋学历史与批评》，江苏教育出版社，2001 年。

[20] 王　冠辑:《赋话广聚》，北京图书馆出版社，2006 年。

[21] 踪　凡:《汉赋研究史论》，北京大学出版社，2007 年。

[22] 何新文等:《中国赋论史》，人民出版社，2012 年。

二、研究论文

（一）硕博论文

［1］陈碧仙：《扬雄辞赋及其赋论之研究》，福建师范大学硕士论文，2002年。

［2］王　帅：《经学影响下的汉代赋论》，北京语言大学硕士论文，2007年。

［3］李　英：《汉赋评论研究》，四川师范大学硕士论文，2009年。

［4］高引如：《班固诗论赋论研究》，福建师范大学硕士论文，2010年。

［5］阮慧钰：《魏晋南北朝赋论对两汉赋论的新变》，南京师范大学硕士论文，2011年。

（二）单篇论文（按发表年份排列）

1986

［1］许　结：《论扬雄融合儒道对其文论的影响》，学术月刊。

［2］王　朋：《汉代赋论浅探》，中国文学研究。

1988

［3］牟世金：《从汉人论赋到刘勰的赋论》，文史哲。

［4］黄样兴：《简论汉魏六朝赋论》，上饶师专学报（哲学社会科学版）。

［5］曹明纲：《汉赋创作思想初探》，中国文学研究。

［6］孙亭玉：《论班固辞赋观》，中国文学研究。

1989

［7］孙亭玉：《简述汉代四家辞赋观》，长沙水电师院学报（社会科学版）。

1990

［8］徐志啸：《历代赋论述要》，中国文学研究。

［9］周勋初：《司马相如赋论质疑》，文史哲。

［10］叶幼明：《赋论发微》，求索。

1992

［11］宗明华：《经学桎梏下的汉代赋论》，烟台大学学报（哲学社会科学版）。

［12］阮　忠：《汉赋批评论》，华中师范大学学报（哲社版）。

1993

［13］龚克昌：《评汉代的两种辞赋观》，文史哲。

2000

［14］马予静：《“班马”的辞赋观与汉代赋学思想的演进》，河南大学学报（社会科学版）。

2002

［15］踪　凡：《蔡邕与鸿都门学的汉赋观》，贵州社会科学。

［16］踪　凡：《试论王充的汉赋观》，社会科学研究。

［17］陈朝辉：《扬雄辞赋观简论》，成都师专学报。

2003

［18］谭德兴：《论《诗》学与两汉辞赋观的发展——经学与文学关系之考察》，贵州大学学报（社会科学版）。

［19］汪文学：《司马相如赋论发微》，贵州民族学院学报（哲学社会科学版）。

［20］王洪泉：《经学视野中的两汉赋论》，四川师范学院学报（哲学社会科学版）。

2004

［21］踪　凡、冷卫国：《扬雄汉赋观刍议》，陕西师范大学学报（哲学社会科学版）。

2005

［22］冷卫国、踪　凡：《西汉帝王的汉赋观》，西南民族大学学报（人文社科版）。

2006

［23］李士彪：《三品论赋——〈汉书·艺文志·诗赋略〉前三种分类遗意新说》，鲁东大学学报（哲学社会科学版）。

［24］踪　凡：《班固对汉赋的研究》，南京师范大学文学院学报。

［25］常　昭、陈天强：《由辞赋异途看扬雄赋论》，济南大学学报（社会科学版）。

［26］许　结：《汉代赋论的文学背景考述》，江海学刊。

2007

［27］沈有珠：《汉宣帝赋论发微——兼论其在赋论经学化中的导向作用》，济南大学学报（社会科学版）。

［28］张朝富：《矛盾与演进：〈汉书·艺文志〉赋论解读》，海南大学学报（人文社会科学版）。

［29］王　栋：《扬雄赋论中的文体自觉意识》，西南交通大学学报（社会科学版）。

［30］刘伟生：《〈史记〉中的赋话与赋论〉，渭南师范学院学报。

［31］马　光：《扬雄赋论中文体自觉意识的形成》，中国社会科学院研究生院学报。

[32] 兰寿春：《“诗人之赋丽以则”辩证——简论扬雄赋论的影响和意义》，龙岩学院学报。

[33] 王焕然：《丽则——历代赋论的基本标准》，学术论坛。

2008

[34] 冷卫国：《赋中论赋：汉代赋学批评的另一种形式》，文学遗产。

[35] 张利玲、周 虹：《两汉赋论基本特征略探》，四川理工学院学报（社会科学版）。

[36] 陈晓芬：《两汉魏晋南北朝赋论的价值取向》，周口师范学院学报。

[37] 何新文、龚元秀：《论赋话的渊源及其演进》，湖北大学学报（哲学社会科学版）。

[38] 杜远红：《古代汉赋评论综述》，安徽文学（下半月）。

2009

[39] 吉顺平：《“义正”与“事实”：〈两都赋序〉赋论新探》，湖南第一师范学报。

[40] 陈碧仙：《扬雄“文质”美学思想及其对汉赋的评价》，凯里学院学报。

[41] 鲁维娜：《论汉赋批评的局限性》，齐齐哈尔大学学报（哲学社会科学版）。

2010

[42] 车 艳：《浅论班固易学思想与其赋论赋作之关系》，福建论坛（人文社会科学版）。

[43] 许 结：《从“诗赋”到“骚赋”——赋论传统之传法定祖新说》，四川师范大学学报（社会科学版）。

[44] 张明辉：《关于扬雄辞赋观的一点厘清》，南阳师范学院学报。

2011

[45] 王德华：《扬雄赋论准则及其大赋创作模式》，浙江师范大学学报（社会科学版）。

[46] 刘朝谦、曾娅先：《王逸赋论的经学色彩》，辽东学院学报（社会科学版）。

[47] 李 路、高长山：《从张衡的心态变化看汉赋观念转型》，大连理工大学学报（社会科学版）。

[48] 邓新华：《从汉儒评赋看两汉文学接受的异化》，社会科学辑刊。

2012

[49] 孙少华：《桓谭论赋与汉赋的“讽谏”传统》，复旦学报（社会科学版）。

略论明清之际的封建论

熊瑞敏

历史总是纠缠着现实的问题而呈现于人们的面前，每当现实发生巨变之时，人们往往回过头来反思历史。明清之际的社会状况和历史剧变，促使当时的有识之士开始反思、检讨明代乃至整个传统社会的制度及文化。其中，封建问题是他们共同关注的论题之一。那么明清之际的思想家们对于封建问题进行了怎样的思考？与前代的封建论相比，他们的思考有哪些突出的特点？这些特点又与明清之际的社会历史和思想环境有着怎样的联系？这些就是本文将要探讨的问题。

一、明清之前的封建论

在谈明清之际的封建论之前，我们有必要对明清之前的封建论做一个简要的回顾，以便我们能够更好地把握明清之际的封建论的特点。

秦始皇统一中国，用郡县制取代封建制，是中国历史上的一个重大关节点。围绕着郡县制与封建制的优劣问题，当时及后来都有很多讨论。当时博士淳于越、李斯的廷议，而最后却以“焚书坑儒”的惨剧结局。此后汉代的贾谊，魏晋时的曹冏、陆机，唐代的李百药、魏徵、颜师古、朱敬则、柳宗元，宋代的苏轼、张载、胡宏、李纲、朱熹、叶适等等，都有关于封建问题的论述。我们可以把肯定封建制度的一派称为“封建派”，肯定郡县制度的一派称为“郡县派”。总体上来说，对于封建制与郡县制的优劣比较，可以分为两个层次：一个是从统治功效也即从是否有利于维护统治的角度进行比较分析，可以称之为“术”的层面；另一个是从价值内涵也即从统治制度合法性的角度进行比较分析，例如是否符合圣王公道，可以称之为“道”的层面。下面，我们分别从这两个层面，分析一下明清之前两派的主要观点。

1. 封建派的观点述略

从术的层面说，“封建派”首先从历史的经验出发，认为上古三代并建子弟，枝叶相扶，所以世泽绵长。如当时博士淳于越就说："殷周之王千余岁，封子弟功臣，自为枝辅。今陛下有海内，而子弟为匹夫，卒有田常、六卿之臣，无辅拂，何以相救哉?"① 其次，陆机在《五等论》中指出，郡县守令往往为求升迁追求短期政绩，所以"侵百姓以利己者，在位所不惮；损事实以养名誉者，官长所夙慕也。君无卒岁之图，臣挟一时之志"，而封建诸侯"则知国为己土，众皆我民""故为上无苟且之心"，能够做到"为己思治"②。第三，宋人李纲还指出了封建制在抗击"夷狄盗贼之患"方面的作用。他认为宋代的"夷狄盗贼之患"是"三代以来未有之甚"，郡县制的弊端于此尤甚，应"稍仿封建"行方镇之制以"救其蔽"③。

以上是从术的层面来为封建制辩护的观点，而更多的人则是从道的层面来论证封建制的合法性。人们认为封建制是上古三代圣王所立的法度，本身就有神圣性。如曹冏《六代论》认为封建制是先王"与人共治"之法④，陆机《五等论》也认为封建制是"三代所以直道，四王所以垂业也"⑤。而到了宋代儒学复兴时期，儒生们的道德理想主义更加美化了上古三代时期，封建制也成了儒家公天下、王道政治的制度载体。例如胡宏说，"封建也者，帝王所以顺天理，承人心，公天下之大端大本也"，而"不封建也者，霸世暴主所以纵人欲，悖大道，私一身之大孽大贼"⑥。朱熹也认为，"封建井田乃圣王之制、公天下之法""封建之意，是圣人不以天下为己私，分与亲贤共理"⑦。

对于封建制在后世是否有可行性，有些人的观点比较激进，如张载认为"今便封建，不肖者复逐之，有何害？岂有以天下之势不能正百里之国?"⑧ 这是明明知道封建制有动乱的危险而要复行。有些人的态度则比较审慎，如朱熹认为，封建制"在今日恐难下手，设使强做得成，亦恐意外

---

① （汉）司马迁：《史记·秦始皇本纪》，中华书局，1959 年，第 254 页。

② （南朝梁）萧统编、（唐）李善注：《文选》（第六册），上海古籍出版社，1986 年，第 2340—2341 页。

③ 李纲之说转引自张星久：《国家结构形式问题上的一种道德理想主义表达——论中国帝制时代"封建论"的思想逻辑与发生背景》，《政治学研究》2008 年第 5 期。

④ （南朝梁）萧统编、（唐）李善注：《文选》（第六册），上海古籍出版社，1986 年，第 2340—2341 页。

⑤ 同上，第 2273 页。

⑥ （宋）胡宏：《胡宏集·知言·中原》，中华书局，1987 年，第 47 页。

⑦ （宋）黎靖德编：《朱子语类》（第七册）卷一百八《论治道》，中华书局，1988 年，第 2680 页。

⑧ （宋）张载：《张载集·经学理窟·周礼》，中华书局，1987 年，第 47 页。

别生弊病，反不如前，则难收拾耳”[①]。而颜师古在《论封建表》中就比较细致地具体探讨了复行封建制的基本设想，他认为“当今之要，莫如量其远近，分置王国，均其户邑，强弱相济。画野分疆，不得过大，间以州县，杂错而居。互相维持，永无倾夺。使各守其境而不能为非，协力同心则足扶京室。陛下然后命分诸子，各就封之。为置官僚，皆一省选用。法令之外，不得擅作威刑。朝贡礼仪，俱为条式。一定此制，万世永久”[②]。

总之，封建派分别从术和道的层面为封建制的优势做了辩护，并对复行封建制做了一些探讨。

2. 郡县派的观点述略

肯定郡县制而否定封建制的首推秦相李斯，李斯首先认为“周文武所封子弟同姓甚众，然后属疏远，相攻击如仇雠，诸侯更相诛伐，周天子弗能禁止。今海内赖陛下神灵一统，皆为郡县，诸子功臣以公赋税重赏赐之，甚足易制。天下无异意，则安宁之术也”[③]。认为行封建则终必乱，而置郡县则易为安。而且“五帝不相复，三代不相袭，各以治，非其相反，时变异也。今陛下创大业，建万世之功，固非愚儒所知。且越言乃三代之事，何足法也?”[④] 认为时势变异，先王不足为法。

唐初，魏征在《象古封建未可议》中也认为，“圣人举事，贵在相时，时或未可，理资通变”[⑤]，详论行封建有无不可，李百药《封建论》也对曹冏《六代论》“与人共治”论、陆机《五等论》“为己思治”论做出了有力的批驳[⑥]。而真正为郡县制作出有力辩护的是中唐时期柳宗元所写的《封建论》[⑦]。柳宗元首先从人类历史的起源来论证封建制的形成“非圣人之意也，势也”，就消除了封建制的神圣光环，然后以史事来比较封建、郡县的优劣，认为秦代推行郡县制“有叛人无叛吏”，而汉代郡县、封国并置则“有叛国而无叛郡”，唐代则“有叛将而无叛州”，认为郡县制比封建制更有利于维护中央集权。这些都是从术即统治功效的角度为郡县制作的辩护，而更难得的是，柳宗元还创造性地从道的层面论证了郡县制的合

① （南朝梁）萧统编、（唐）李善注：《文选》（第六册），上海古籍出版社，1986年，第2273页。。

② （清）董诰等编：《全唐文》卷一四七，中华书局，1983年，第1491页。

③ （汉）司马迁：《史记·秦始皇本纪》，中华书局，1959年，第239页。

④ 同上，第254页。

⑤ （清）董诰等编：《全唐文》卷一四一，中华书局，1983年，第1429页。

⑥ 同上，卷一四三，第1444页。

⑦ 以下引文皆出自《柳宗元集》，中华书局，1979年，第69—76页。

法性，柳宗元认为商汤、周武王之所以不革除封建制，“盖以诸侯归殷者三千焉，资以黜夏，汤不得而废；归周者八百焉，资以胜殷，武王不得而易。徇之以为安，仍之以为俗，汤、武所不得已也。夫不得已，非公之大者也，私其力于己也，私其卫于子孙也。秦之所以革之者，其为制，公之大者也；其情，私也，私其一己之威也，私其尽臣蓄于我也。然而公天下之端自秦始”。这一方面从汤武的用心否定了封建制的神圣性，另一方面又指出相比于封建制的“继世而理”，郡县制则在天下士人中选贤任能，尽管其用心是私的，但实际上却有共治天下的公义。柳宗元的《封建论》得到苏轼的高度赞赏，苏轼在《论封建》一文中称“宗元之论出，而诸子之论废矣。虽圣人复起，不能易也”，并进一步指出“封建者，争之端而乱之始也”[①]。

总之，郡县派主要攻击封建制的世袭制，而且容易引发动乱，而郡县制则有利于维护中央集权。柳宗元还认为废除“继世而立”的封建制而行郡县是“公天下之端”。

大体而言，封建派特别是宋代道学家们的封建论在思想上往往呈现出一种道德理想主义的色彩，更注重从道德理想的角度推尊封建制；而郡县派的封建论则往往在思想上呈现出一种历史经验主义的色彩，更注重从历史实际的角度比较封建、郡县之优劣。

二、明清之际的封建论

我们这里所探讨的明清之际的封建论包括顾炎武的《郡县论》九篇、黄宗羲《明夷待访录》中有关封建的论述[②]、魏禧文集中的三篇《封建论》、王夫之《读通鉴论》中关于封建的论述。从大的分野来说，顾炎武、黄宗羲、魏禧大体属于封建派，而王夫之则属于郡县派。因为王夫之的观点与柳宗元的观点有很多相近之处。下面，我们从王夫之的“封建论”说起。

王夫之在《读通鉴论》的第一篇论秦始皇时就探讨了封建论的问题[③]。王夫之继承了柳宗元关于封建“非圣人意，势也”的论点，进一步指出郡县制取代封建制也是“势之所趋”，因为“诸侯时世国而后大夫缘之以世官，势所必滥也。……而天之生才也无择，则士有顽而农有秀，秀不能终

① （宋）苏轼：《苏轼文集》，中华书局，1986 年，第 158 页。

② （清）黄宗羲：《明夷待访录校释》，岳麓书社，2011 年。

③ （清）王夫之：《读通鉴论 · 秦始皇》，中华书局，1975 年，第 1—4 页。以下引此书不注页码。

屈于顽，而相乘以兴，又势所必激也”，从贵族阶层的没落和底层新秀的兴起分析了“封建毁而选举行”历史成因，并认为“秦以私天下之心而罢侯置守，而天假其私以行其大公”。把郡县制取代封建制归之于天。认为相比于春秋战国之时诸侯国的“交兵毒民”“则后世生民之祸亦轻矣”。而那种从国祚之长短论封建问题者，是“为一姓言也”“岂天下之大公哉！”与柳宗元从“不叛”的角度来谈郡县制的优势相比，王夫之从“生民之祸亦轻矣”的角度谈郡县制的优势显然更彰显了一种民本色彩①。而且柳宗元所强调的“不叛”仍有“为一姓言”的色彩，而从生民之祸福的角度谈，则是一种“为天下计”。

顾炎武、黄宗羲、魏禧三人都是封建派，但又各自不同。顾炎武和黄宗羲更多的是师封建之意，而魏禧则是要行封建之制，但都主张封建、郡县两存。

顾炎武九篇《郡县论》的主旨是要“寓封建之意于郡县之中”② 以救郡县之弊而达到天下之治。首先，与王夫之一样，顾炎武也认为“封建之废，非一日之故也，虽圣人起，亦将变而为郡县”，强调封建变为郡县的历史必然性。其次，认为封建、郡县都有弊端。顾炎武认为：“封建之失，其专在下；郡县之失，其专在上。古之圣人，以公心待天下之人，胙之土而分之国；今之君人者，尽四海之内为我郡县犹不足也，人人而疑之，事事而制之。”设置监司督抚，却使得下层官吏整天惟恐有过，“无肯为其民兴一日之利者”。第三，针对郡县制的这种弊端，顾炎武认为要“尊令长之秩，而予以生财治人之权，罢监司之任，设世官之奖，行辟属员之法，所谓寓封建之意于郡县之中，而两千年以来之弊可以复振”。顾炎武的“寓封建之意于郡县之中”，主要是为了解决郡县制叠床架屋的官僚设置所导致的行政效率低下的问题，认为可以取消监司督抚，提高县令地位，扩大县令的权力，并用世袭其职来作为奖励“称职”的县令。顾炎武认为，“天下之人各怀其家，各私其子。为天子为百姓之心，必不如其自为”，如果“使县令得私其百里之地，则县之人民皆其子姓，县之土地皆其田畴，县之城郭皆其藩垣，县之仓廪皆其囷窌。为子姓则必爱之而勿伤，为田畴则必治之而勿弃，为藩垣囷窌则必缮之而勿损。自令言之，私也；自天子言之，所求乎治天下者，如是焉止矣”，这就是所谓“用天下之私，以成

---

① 当然，柳宗元也提到“继世而理”则上不一定贤，下不一定不肖，故“生人之理乱未可知”，似乎也考虑到了民众的问题。但他主要是从郡县制可以选贤任能的角度来谈这个问题，其考虑的重心在于士人在郡县制下才有参与政权的机会。

② （清）顾炎武：《顾亭林诗文集》，中华书局，1959 年，第 12—16 页。下引《郡县论》原文不再注页码。

一人之公而天下治”。显然，顾炎武的“用天下之私”的逻辑，与陆机《五等论》里所提到的“为己思治”的逻辑是相同的。顾炎武对郡县制的弊端的考察和分析非常精彩，体现了明末提倡经世致用的实学精神。对于人性自私的承认，也是明代自然人性论的表现。

黄宗羲的《明夷待访录》对中国传统君主专制制度进行了猛烈的批判，在《原法》篇中，他认为三代以下之法是“一家之法而非天下之法也。是故秦变封建而为郡县，以郡县得私于我也；汉建庶孽，以其可以藩屏于我也；宋解方镇之兵，以方镇之不利于我也。此其法何曾有一毫为天下之心哉，而亦可谓之法乎？”[①] 所以他认为“三代以上有法，三代以下无法”，这主要是从设计法度的心理动机是为一家还是为天下的角度来说的，所以他对秦的郡县制和汉代的封国制都提出了批评。而在《方镇》篇中，黄宗羲认为“封建之弊，强肉吞并，天子之政教有所不加；郡县之弊，疆埸之害苦无已时。欲去两者之弊，使其并行不悖，则延边之方镇乎”[②]。方镇享有征收赋税、自设教条、自辟僚属等特权，“终其世兵民辑睦，疆埸宁谧者”还可以世袭。可见，方镇是一个自主权力很大的政治实体，可以说其中也寓有封建之意。黄宗羲认为，方镇之设，“统帅专一，独任其咎，则思虑自周，战守自固，以各为子孙计”，显然，黄宗羲这种“各为子孙计”的逻辑与顾炎武的设想是相通的。另外，设“延边之方镇”，其意主要在抵御夷狄对边疆的骚扰，又与前文提到的宋代李纲的观点相同，自然也离不开黄宗羲对清军入关这一沉痛历史的反思。

与顾炎武“寓封建之意于郡县之中”、黄宗羲以封建之意立方镇不同，魏禧的三篇《封建论》[③] 则是在认真地谈到如何实行封建制的问题。魏禧认为，明太祖朱元璋所定的封建制，封诸王子于四方，成功地避免了“唐宋聚族姓于京师”而“朱温入洛，金人陷汴京，一朝而殄灭殆尽”的惨祸，有成功之处。但藩王仅食禄而不治民，致使“安不能有为，危不能自保”。而行封建之制，“莫若以郡县为经而纬以封建”。然后魏禧对于封国的大小、地理位置、僚属配置、世袭规则等等都进行了比较细致具体的探讨。魏禧的封建论可能受到颜师古的启发，因为他在文中称赞颜师古的封建论是“古今不易之论”，当然也与经历明末之乱并进而反思明朝的封建制相关。而他强调分封宗室及宗室动乱之际的号召作用，则思想格局仍然

① （清）黄宗羲：《明夷待访录校释》。岳麓书社，2011年，第17页。

② 同上，第57页。

③ （清）魏禧：《魏叔子文集》，中华书局，2003年，第195—204页。下引《封建论》不注页码。

主要集中为一家一姓之兴亡计的层面上。

总之，一方面，明清之际的封建论受到前人的影响。如上所述，王夫之继承柳宗元的“封建非圣人意也，势也”的说法并加以深化提升，顾炎武的“用天下之私，以成天下之公”论与陆机的“为己思治”论相似，黄宗羲的用封建之意立方镇则是与李纲的思想有异曲同工之妙，魏禧则结合明代封建制的实践利弊发展了颜师古的封建学说。另一方面，明清之际的封建论也有鲜明的时代特点。首先，明清之际的封建论，具有鲜明的实学色彩，这与明清之际学术的实学转向是密切相关的。明清之际的封建论，不同于宋人的道德理想主义的泛泛而谈，而是能够结合历史实际进行细致具体的探讨。顾炎武对郡县之弊的剖析，魏禧对实行封建制度的具体设想，都非常具有经世致用的色彩，表现了那个时代的实学风气。其次，明清之际的封建论，具有突出的民本精神。无论是王夫之从生民之祸的多少来判断封建、郡县的优劣，还是顾炎武“寓封建之意于郡县之中”以求为民兴利而使天下大治的思想，都显示了儒家的民本情怀。第三，王夫之的“天假其私以行其大公”的历史观，顾炎武和黄宗羲的“用天下之私”说，大概都与晚明以来对于人性自私的承认相关，文章中的这些论点，也反映了明清之际的思想特征。

参考文献

著作

（汉）司马迁：《史记》，中华书局，1959年。

（梁）萧统编、（唐）李善注：《文选》。上海古籍出版社，1986年。

（清）董诰等编：《全唐文》，中华书局，1983年。

（唐）柳宗元：《柳宗元集》，中华书局，1979年。

（宋）张载：《张载集》，中华书局，1987年。

（宋）苏轼：《苏轼文集》，中华书局，1986年。

（宋）胡宏：《胡宏集》，中华书局，1987年。

（宋）黎靖德编：《朱子语类》，中华书局，1988年。

（清）顾炎武：《顾亭林诗文集》，中华书局，1959年。

（清）黄宗羲：《明夷待访录校释》，岳麓书社，2011年。

（清）魏禧：《魏叔子文集》，中华书局，2003年。

（清）王夫之：《读通鉴论》，中华书局，1975年。

论文

张星久：《国家结构形式问题上的一种道德理想主义表达——论中国帝制时代“封建论”的思想逻辑与发生背景》，《政治学研究》2008年第5期。

王恕《典籍格言》中的“辅治”思想梳理

侯蔼奇

一、王恕与《典籍格言》的成书过程

王恕（1416—1508）明中叶有宿德重望的大臣。字宗贯，号介庵、石渠，陕西三原人。曾任翰林院庶吉士、扬州知府，南京刑部、南京户部左侍郎、兵部尚书等，累官吏部尚书。为官四十余年，“刚正清严，始终一致”，不但任上有骄人政绩，而且平生笃志好学，博览群书，著述颇丰，代表作有《王端毅公文集》《王端毅公奏议》等。

王恕考论经史，至老不倦，明弘治十八年刻本《典籍格言》（简称《格言》），是王恕致仕郊居，日读《论语》《四书》《说苑》《贞观政要》以及人物传记等180余种圣贤垂世历史典籍，辑录而成的名贤“处事、辅治”格言警句著作。王恕是搏击宦海的名臣，入世之深，悟理之透，绝非普通人所能比，所辑格言警句反映了古代正统精英的思想，乃人生经验的总结和升华。

王恕在正文前书引中说自己辑录这部书的目的“可以遗诸后，后之人苟能由此扩充其识见，而用之于处事辅治之际，以垂不朽之令名，与恕用之也，又何异哉！”

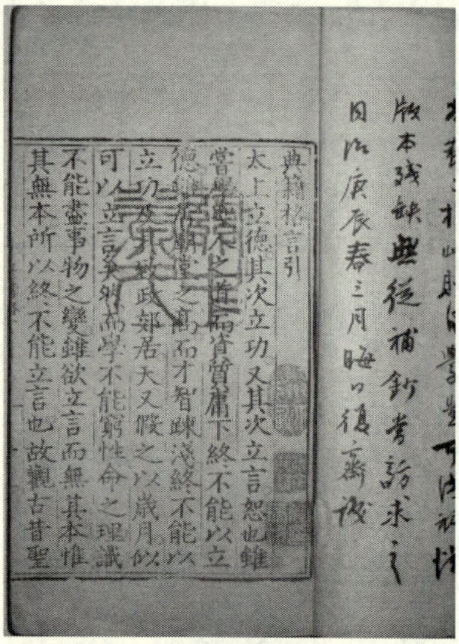
典籍格言引
太上立德其次立功又其次立言恕也雖
其無本所以終不能立言也故觀古昔聖
不能盡事物之變雖欲立言而無其本惟

图一　《典籍格言》引

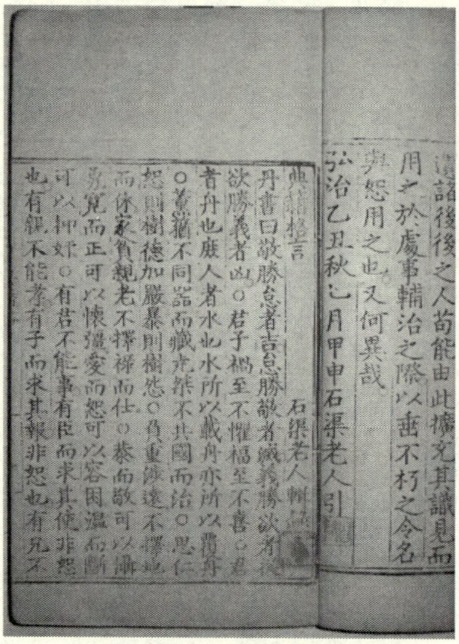
典籍格言
丹書曰敬勝怠者吉怠勝敬者滅義勝欲者從
欲勝義者凶○君子禍至不懼福至不喜○君
者舟也庶人者水也水所以載舟亦所以覆舟
遺諸後後之人苟能由此擴充其識見而
用之於處事輔治之際以垂不朽之令名
與恕用之也又何異哉
弘治乙丑秋七月甲申石渠老人引

图二　《典籍格言》卷端

二、《格言》中有关“辅治”的基本思想

《格言》中辑录的“辅治”思想源自于王恕的从政经历和对圣贤思想的深刻感悟。“辅治”是指辅佐治理政事。《格言》中的“辅治”是指群臣对帝王处理军国政事的辅佐。“辅治”中蕴含的思想体系包括人治、德治、礼治、孝治、法治以及吏治、民本、廉政等。

（一）为君之要

中国古代封建帝王享有至高无上的权力和地位，国家的兴衰成败维系于帝王一个人身上。王恕长期在朝廷做官，深知帝王应该如何做，才能治理好国家。

在《格言》辑录中，王恕辑《薛综传》言：“夫帝王者，万国之元首，天下之所系命也”。那么，如何做好君王：首先，修身正己。孔子言：“其身正，不令而行；其身不正，虽令不从（《论语·子路》）。”君王仁义身正为治国之本。其次，不独断专行。王恕认为君王独尊并不等于君王独断。辑《范仲淹传》言：“独断则千虑或失，偏听则众心必离。人心离则社稷危而不扶；圣虑失则政教差而弥远。”辑《史记·蒙恬列传》言：“臣闻轻虑者不可以治国，独智者不可以存君。”第三，敬慎而博其德。辑《丹书》曰：“敬胜怠者吉，怠胜敬者灭；义胜欲者从，欲胜义者凶。”君王要治理好国家须博其德。辑《刘向新序》：“欲富者，务广其地；欲强者，务富其民；欲王者，务博其德。”第四，防奸佞而宽胸怀。《贾捐之传》言："后宫盛色则贤者隐处，佞人用事则诤臣杜口。"君王要有宽阔的胸襟。历史上德才兼备的开明君王加之贤才的辅佐，一定会把国家治理得很好。

（二）德治为本

历代封建王朝都把"德"作为治国的基本方略。王恕认为"辅治"之基在于辅佐君王以"德"治理天下，其中包括以德服人和为官以德。

以德服人。辑《尚书·蔡仲之命》言："皇天无亲，惟德是辅；民心无常，惟惠之怀。"为君要明君德，为臣要重臣德。《格言》辑《范仲淹传》言："以德服人，天下欣戴；以力服人，天下怨望。"为官以德。中国古代吏治把重视官员的"德"作为为政之基。辑《论语·为政篇》言："为政以德，譬如北辰，居其所而众星共之。"官有德者要如《孟子·滕文公下》言："富贵不能淫，贫贱不能移，威武不能屈。"官无德者如《尚书·旅獒》言："玩人丧德，玩物丧志。"

（三）礼治思想

"礼"是社会生活中一切行为的准则，礼治的核心是道德规范。《格言》中强调"礼"的重要性。辑《礼记》言："人有礼则安，无礼则危。"孔子主张以"礼"治国，认为"不学礼，无以立"。提出要人们做到："克己复礼为仁"，"非礼勿视，非礼勿听，非礼勿言，非礼勿动"（《论语·颜渊》）。荀子认为"礼"是治国安民之本，他说："礼之于正国家也，如权衡之于轻重也，如绳墨之于曲直也。故人无礼不生，事无礼不成，国无礼不宁"（《荀子·修身》）。用道德、礼仪约束人们的行为规范，辑《论语·为政》："道之以政，齐之以刑，民免而无耻；道之以德，齐之以礼，有耻且格。"辑《韩诗外传》言："国政无礼则不行，王事无礼则不成，国无礼则不宁，王无礼则死亡无日矣。"《格言》中王恕将儒家礼治思想的核心进行了系统辑录。

（四）孝治思想

中国传统道德重视"孝"，"孝"是人们的道德规范和修身之要。《格言》辑《论语·学而》："子曰：'其为人也孝悌，而好犯上者鲜矣；不好犯上，而好作乱者，未之有也。君子务本，本立而道生。孝悌也者，其为仁之本与！'。"不同阶层对孝道具有不同要求，才能实现孝道的社会治理功能。辑《孝经》曰："君子事亲孝，故忠可移于君；事兄悌，故顺可移于长；居家理，故治可移于官。是以行成于内，而立于后世矣。"为官当政者如果能把孝敬父母，友爱兄弟之心用到老百姓身上，那必然是一个好官。

孝悌之情可以扩展成为“四海之内皆兄弟”（《论语·颜渊》），“不独亲其亲，不独子其子（《礼记·礼运》）”的社会风尚。

（五）忠君思想

长期的从政经历，使王恕对忠君思想有更深刻的体会。在君臣关系上，王恕认为臣要尽忠于君王。辑《论语·八佾》：“君使臣，臣事君，如之何？”孔子对曰：“君使臣以礼，臣事君以忠。”所谓“臣无二心，天之制也”（《左传·庄公十四年》）。君王与大臣要相互理解，“为君难，为臣不易”（《论语》）。为人臣要知敬畏。辑《尚书》言：“居宠思危，罔弗惟畏，弗畏入畏。”要直言敢谏。王恕认为作为大臣，要能为君王分担忧愁，关键时刻要能勇于牺牲，维护君王、民众的利益。辑《汉书·主父偃传》言：“臣闻明主不恶切谏以博观，忠臣不避重诛以直谏，是故事无遗策而功流万世。”

王恕从政四十余年，一直以“好直言”著称，《明史》称其：“刚正清严，始终一致”。面对宪宗朝政局混乱的局面，王恕力陈时弊，明人郑晓在其《吾学编》中称：“公仕四十五年，凡上三千余疏，皆忠直剀切，盖忧世之志如范希文，济世之才如司马君实，直谏如汲长孺，惠爱如郑子产”。

忠君思想可以进一步转化为爱国主义思想，为了国家利益，官吏及臣民要有牺牲精神。辑《左传·昭公四年》：“苟利社稷，死生以之。”辑《战国策》：“智者不倍时而弃利，勇士不却死而灭名，忠臣不先身而后君。”辑《韩诗外传》：“国亡而弗知，不智也；知而不争，非忠也；亡而不死，非勇也。”

（六）法治思想

法治是指依据法律治理国家和社会。“法”是国家的权衡，人们行为的准则。《格言》中辑录了依法治国，法情结合，威德并施的治国理念。辑《崔寔·政论》言：“盖为国之道有似理身，平则致养，疾则攻焉。夫刑罚者治乱之药石也，德教者兴平之粱肉也。夫以德教除残，是以粱肉理疾也；以刑罪理平，是以药石供养也。”“法”是用来爱护百姓的，辑《商君书》：“法者所以爱民也，礼者所以便事也”。关于德刑并用，辑《吕刑》谓：“德威惟畏，德明惟明”“朕敬于刑，有德惟刑”。

王恕将官吏的奉法利民，公平执法，廉洁执法加以强调。辑《孔子家语》：“知为吏者奉法以利民，不知为吏者枉法以侵民，治官莫若平，临财莫如廉。”

（七）吏治思想

吏治是指古代官吏的作风和政绩。王恕认为吏治是关乎国政兴衰的大问题。在《王端毅公奏议》中，议事最多的是关于选拔人才的问题。王恕担任吏部尚书期间，澄清吏治，鲠亮峭直，不畏权贵，推举选拔了众多优秀官吏，开辟了“弘治中兴”的盛世局面，深受史家褒扬。万斯同《明史》赞其“弘治二十年间，众正盈朝，职业修理，号为极盛者，恕之力也。”

《格言》中有关吏治的内容有很多。求贤：《格言》辑《窦贞固传》曰：“求贤若渴，从善如流。”用人：辑《尚书·咸有一德》：“任官惟贤才，左右惟其人”。王恕认为，国君用人要具有连贯性，并在实际中考察人才，尊贤使能，唯才是举。辑《刘向新序》：“外举不避仇，内举不避亲戚。”用人不当或废善扬恶会使国家陷入危机。辑《刘向新序》：“忠臣不用，用臣不忠，下才处高，不肖临贤，而君不悟。使贤者为之，与不肖者议之，使智者图之，与愚者谋之。”贤达圣明的君王“不以禄私其亲，功多者授之；不以官随其爱，能当者处之。故察能而授官者，成功之君也”（《刘向新序》）。劝告各级官员士大夫。辑（《刘向新序》）：“诸侯梦恶则修德，大夫梦恶则修官，士梦恶则修身，如是而祸不至矣。”王恕为君、为民、为社稷之心昭然。

（八）民本思想

王恕当过地方官，又做过朝官，他的仕宦经历足以让他对朝廷和百姓的问题有深度了解。他主张行“仁政”，有强烈的民本思想。

孔子提出“仁政”“德治”，主张“以民为本”“仁者爱人”。孟子讲“民为贵，社稷次之，君为轻”“桀纣之失天下也，失其民也。失其民者，失其心也。得天下有道：得其民，斯得天下矣；得其民有道：得其心，斯得民也；得其心有道：所欲与之聚之，所恶勿施，尔也”。而得民心要施行“仁政”，“不忍人之心行不忍人之政”，做到“亲亲而仁民，仁民而爱物”，在“教民”的前提下“养民”，同时还要“省刑罚，薄赋敛”，使“黎民不饥不寒”，“谨庠序之教，申之以孝悌之义”，这样就会上下谐和，“王道”也就实现了。荀子的民本思想着重阐发了“重民”与“尊贤”的理念。第一次用舟水来比喻君民关系，“君者，舟也；庶人者，水也。水能载舟，亦能覆舟”。他提出了“爱民”“利民”“惠民”“裕民”“宽政”等一系列主张，并认为这是社稷长治久安之本。王恕的思想及主张以此为基础，辑《周易》“天地养万物，圣人养贤人以及万民”。

君王对民众的态度，辑《韩诗外传》：“水浊则鱼困，令苛则民乱”。君王治国重在国富民强。辑《论语》：“百姓足，君孰与不足？百姓不足，君孰与足？”辑《郦食其传》：“知天之天者，王事可成；不知天之天者，王事不可成。王者以民人为天，而民人以食为天。”辑《孟子》言：“善政得民财，善教得民心。”《大学》讲，“外本内末，争民施夺，是故财聚则民散，财散则民聚”。君王下达的命令如果违背了人民的意愿，那么人民就不会遵守。君王伤民，则“苛政猛于虎”（《礼记·檀弓下》）。君王应以民为邦本，才能本固邦宁。以上对各家民本思想的辑录，也是王恕民本思想的表达。

（九）勤俭廉政思想

王恕认为，君王治理国家，应尚勤俭而去骄奢，取廉洁而去贪腐，指出君王的意志非常重要。辑《孟子》：“上有好者，下必有甚焉者矣。君子之德，风也。小人之德，草也。草上之风必偃。”

勤俭节用是中华民族的传统美德，王恕一生坚持勤俭节用。成化三年（1467）六月，河南境内蝗虫泛滥，百姓深受其害。此时王恕担任都察院左副都御史巡抚河，他多次上奏规劝成化皇帝去奢崇俭。王恕把崇尚奢侈看成是败坏德行的祸根。辑《贞观政要》：“克俭节用，实弘道之源；崇侈恣情，乃败德之本。”针对为政者辑《大学》：“仁者以财发身，不仁者以身发财”。针对官场腐败，王恕痛心疾首，辑《文中子》言：“古之从仕者养人，今之从仕者养已”。王恕主张应以百姓利益为根本，行勤俭廉政之治。这些思想均有重要借鉴意义。

作为封建统治阶级中的一员，王恕的思想及政治活动有其历史局限性，有的思想是需要我们加以甄别弘扬的。对王恕《格言》中“辅治”思想进行研究，对于我们今天社会的政治思想建设、官员队伍建设、党风廉政建设等均有现实意义。同时，对于汲取弘扬中华民族优秀传统文化也有促进作用。

三、《格言》的版本价值

《格言》的版本传世极少，具有很高的文献价值、学术价值和文物价值。据《中国古籍善本书目》著录，陕西省图书馆独家收藏。2008 年《格言》入选《第一批国家珍贵古籍名录》名录号 01898，2013 年《格言》入选《第一批陕西省珍贵古籍名录》名录号 0197。

《格言》不分卷，匡高 17. 3 厘米，宽 11. 6 厘米。半页十行，行十八字，白口，四周双边。全书 2 万多字，品相上好。《格言》自明弘治十八年刊刻后没有再行刻印，具有很高的版本价值。《格言》中钤文字和图案印章共计十四枚，有“贺瑞麟印”“关中三原人”“清麓学人”“芙林山民”“听雨园”“祖述孔孟宪章程朱”等。清末陕西著名理学家、教育家、书法家贺瑞麟在《格言》引前题识中写道：“此书多能益人性情，长人学识。”贺瑞麟的题识为此书增添了另一种价值。

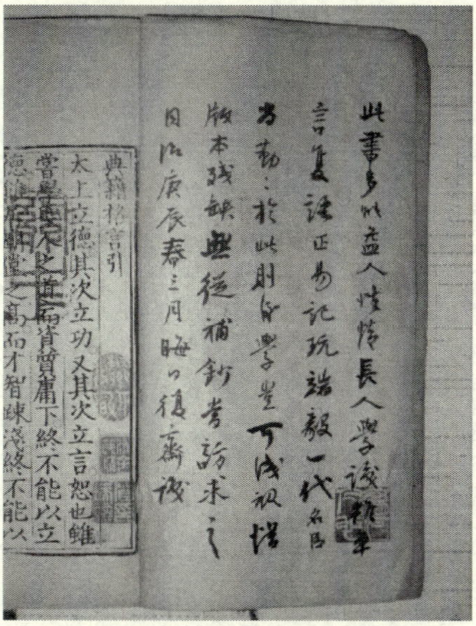

图三　贺瑞麟识

王恕在《格言》中辑录了大量的“处事、辅治”警句，内容包括许多思想，本文只对其中的“辅治”思想进行了简单梳理，以期起到抛砖引玉的作用。

参考文献

[1]《续修四库全书》，上海古籍出版社，2002 年。

[2]《中国古籍善本书目》（经部上），上海古籍出版社。

章潢《图书编》取材考察
——以“外四夷馆考”为例

潘肖蔷

《图书编》一百二十七卷，明万历年间江西布衣章潢所著。章潢一生仕途不顺，遂设学堂，教书育人，因此门下弟子众多，在明代南昌儒林有着举足轻重的地位。明代类书向不为学者所重。本文通过分析章潢《图书编》“外四夷馆考”部分，重新发现明代类书的价值。

据章潢“外四夷馆考总叙”（卷五十），此部分内容由《四夷边图》《四夷馆考》、“古夷考略”“各夷见闻”构成：

> 《四夷边图》可以知险要、豫战守之防，《四夷馆考》可以知故实、待贡献之使。盖夷狄之叛服不常，服则绥之，叛则御之，其事一也，故合而存之以备考云。若夫图以地而殊方，馆因字以审译，故后先彼此，参错不齐。如百夷、缅甸、八百三馆，又当列之云南夷中。惟在善览者会而通之可也。况图之所载，各图方位特其大略尔，有图载其国名而无考，亦有记载颇详而不见之图者。故诸图总揭之于前，随依东西北，先载古夷考略，继述今时《四夷馆考》并各夷见闻，记载于后，庶可与各图参考焉。

《四夷馆考》一书值得注意，王重民《中国善本书提要》“图书编”一条云“《地理编》内全收入王宗载《四夷馆考》”，此言不虚。关于《四夷馆考》比较重要的两篇文章是向达《记巴黎藏本王宗载〈四夷馆考〉——瀛涯琐志之二》和张文德《王宗载及其〈四夷馆考〉》。据向文可知，现在比较常见的罗振玉于民国十三年（1924）铅印的版本《四夷馆考》，乃据陈士可所藏清抄本付印；而陈氏所藏清抄本又抄自曹元忠，曹氏之本又抄自王懿荣。现国家图书馆尚藏有曹元忠跋《四夷馆考》。向达将所见巴黎东方语言学校藏本《四夷馆考》与罗振玉铅印本对校，发现罗氏铅印本缺女直一馆，凡一千二百七十三字。其他脱讹之处甚多。巴黎本较罗氏本也有脱文。向达据巴黎藏本藏书印记推测，此本抄自李攀，而李攀为清四译馆八百馆序班，约为康熙时人，则此抄本时间在康熙或以后。

但向达和张文德都没有注意到章潢《图书编》地理编收录了王宗载《四夷馆考》一书。据向达所录巴黎藏本王宗载自序，《四夷馆考》成于明万历八年（1580）。章潢图书编成于万历五年（1577），直至万历四十一年（1613）付梓刊刻，章潢在世之时一直有所补订。因此章潢《图书编》与王宗载《四夷馆考》成书几于同时，《图书编》所录《四夷馆考》比巴黎藏本、罗振玉所据抄本时间更早，内容更加接近原貌。

但是此卷章潢杂糅了多种著作，因此接下来通过详细的分析来揭示“外四夷馆考”每一部分的材料来源。

第五十卷主要讲“四夷总叙”及“东夷”。“外四夷馆考总叙”除最后一段出自章潢之手，其余皆录自王宗载《四夷馆考》自序，仅删去“顾余不敏，无能为役……前提督四夷馆太常寺少卿京山王宗载书”。次“四夷总图”，此图可能出自罗洪先增补的《广舆图》。《广舆图》版本情况比较复杂，笔者所见为《续修四库全书》影印国家图书馆藏明嘉靖三十四年（1555）年左右的刊本，以及万历七年（1579）海虞钱岱刊本。嘉靖三十四年刊本有“四夷图”，然书有缺页，未能看到；万历七年刊本，“四夷图”已经更名“华夷总图”。从图形来看，《图书编》中的“四夷总图”是《广舆图》“华夷总图”的“简笔画”，二图中的“各夷”位置和各地名相对位置基本一致（但“华夷总图”中无女直，可能是章潢所添）。“四夷总图”里的文字内容（除女直外），更是尽数见于“华夷总图”。

次“制御四夷典故”，录自郑晓《吾学编·皇明四夷考》。次“分别四夷种类”，不知出处。次“外四裔总论”，次“古东夷总叙”，出自马端临《文献通考·四裔考》。“古东夷考略”亦出自马端临《文献通考·四裔考》，“古东夷考略”中各国名顺序与《文献通考·四裔考》完全一致，内容节略自《四裔考》。次“东夷总论”，论“东夷之性，薄礼少义”云云，最早出自诸葛亮《心书》。次“东北诸夷图”，出自桂萼《广舆图叙》。次“东夷总论”，出自朱熹《通鉴纲目》。次“朝鲜图”及“朝鲜考”“经理朝鲜事宜”。“朝鲜图”及“朝鲜考”出自《广舆图》，从此可以看出章潢参考的《广舆图》不是嘉靖三十四年的版本，应该稍晚一些。嘉靖三十四年“朝鲜图”的图说只有短短五行字，而《图书编》“朝鲜考”在万历七年《广舆图》朝鲜图说之外，尚有“按高丽其国颇尚礼义……乐天字小之道其可乎诸”等文。次“经理朝鲜事宜”，出自万历内阁大学士沈一贯之手。此“经理朝鲜事宜”又名“经理朝鲜疏”，乃万历二十五年（1597）二月，由内阁大学士张位、沈一贯上呈万历皇帝。此文也收录在沈一贯《敬事草》、陈子龙等人选编《明经世文编》等。次“女直馆”，应出自王宗载《四夷馆考》一书。据向达文章，他曾手抄巴黎本《四夷馆考》一卷，现不知藏于何处。来日若有人整理向达先生遗稿，《图书编》此卷所收录王宗载《四夷馆考》可供校勘之用。

次“日本国序”，即郑若曾《日本纪略》，录自胡宗宪主持、郑若曾辑《筹海图编》，此书也见于“图书编采辑考证书目”。次“日本国图”，此图与《广舆图》所收“日本图”相同，然东西、南北方向对调。据《广舆图》刊本，绘此图者为“昆山郑子若著”，乃“昆山郑子若曾”之误刻。郑若曾即《筹海图编》的作者。次“日本国”，下小字注释“考在回回馆，今移于此以便览”。这里所说的“考”就是王宗载《四夷馆考·回回馆》所述“日本”一文。从“日本，即倭奴国，在东南大海中”至“海中风汛”全文录自《广舆图》“日本”一条。其间“海寇图说”“海中泊舟”“海中礜港”“海战用舟”“边海守备”等标题应为章潢自己冠于各段文字之前。“海中风讯”这段文字未查到更多出处。次“海寇情弊”又见于《辍耰述》。《辍耰述》乃明陈全之所辑，万历十一年刊刻。二书是否互有借鉴不得而知，此段文字最早出于何人之手亦不可考。次“御倭问答”，仅《图书编》收录此段文字。次“日本国考”，全文录自王宗载《四夷馆考》“回回馆”所附“日本”一文。次“计处倭酋”，节录自“请计处倭酋疏”。《东西洋考》录此疏，作者为福建巡抚、都御史许孚远。次“制倭八策”仅见于《图书编》。次“琉球国图”，见于《广舆图》。

第五十一卷主要讲“南夷”“南海夷”“西夷”“西洋诸国”“西域”诸国。“古南夷总叙”出自马端临《文献通考·四裔考》。次“古南夷考略”，节略自《文献通考·四裔考》。次“南蛮总论”，提出“春夏多疾疫，利在疾战，不可久师也”。次“古南海总叙”，出自《文献通考·四裔考》“海南序略”。次“古南海夷考略”，节略自《文献通考·四裔考》。次“东南海夷图”“西南海夷图”出自《广舆图》。两图之间的“东南海滨诸夷国图”未查到出处。次“暹罗馆”，录自《四夷馆考·暹罗馆》，只录至“西北多大山”，未全录。次“爪哇”“真腊”“满剌加”“占城”均来自《四夷馆考·回回馆》。但是每一国都未全录，删去每一国解说最后几行。次“三佛齐”。次“南蛮总论”。次“安南图”，出自《广舆图》，其中小标题“安南入路”应为章潢所加。次“安南总论”两则。

次“古西夷总叙”“古西戎考略”出自《文献通考·四裔考》。“古西戎考略”节略原文内容。次“高昌馆”，录自《四夷馆考·高昌馆》。向达文中提到高昌馆罗振玉刊本“高昌王”上缺一百二十七字，然《图书编》“高昌王”上仅有一百一十五字：

> 高昌即火州，以其地势高敞，物产昌盛，故名高昌。又山如火，天气常热，故亦名火州。乃西域诸国之一也。本汉车师前后王地，前王治交河城，即唐交河县，去长安八千里。后王治务涂谷，即唐蒲类县，去长安九千里。汉元帝时置戊巳校尉，屯田于前王庭。后魏时其地为蠕蠕所并，有阚伯周者始自称。

《四库全书》所收《图书编》此处“火州”均改为清代译名“和卓”，而“山如火，天气常热，故亦名和卓”一句则变得文义不通。另据向达文章，巴黎本“高昌馆”哈密条永乐三年下有脱文，《图书编》此处不脱，为：

> 三年，忠顺王卒，兄子脱脱嗣立，赐金印诰命玉带文绮。四年，赐王及其祖母绮币有差。六年，脱脱暨祖母各遣使朝贡。九年，脱脱卒，封力帖木儿为忠义王，守哈密。卒，从父子孛罗帖木儿嗣封忠顺王，赐印诰。

此处与向达文中所录陈士可本、罗振玉本略有不同。“嗣立”，陈士可本、罗振玉本俱作“嗣王”；“赐王及其祖母绮币有差”，陈士可本、罗振玉本作“赐王及其祖母速哥失里母妃从母绮币有差”；“力帖木儿”与陈士可本同，罗振玉本作“免力帖木儿”。巴黎藏本、陈士可本、罗振玉本回回馆直至“黑娄”，而《图书编》所收“回回馆”下还有“哈失哈力”“沙鹿海牙”“赛蓝”“加异勒”“黑葛达”“敏真诚”“八荅黑商”“火剌札”“盐泽”“哈烈”“俺都淮”“八剌黑”“白松虎儿”“答儿密”“阿速”“沙哈鲁”“西洋剌泥国”诸国。四库全书本此处国名多有改窜。次“哈密总论”，参考的应该是王世贞所撰“哈密志”，见于《国朝献征录》和《弇州四部稿》。次“西戎总论”，讲“西戎之性”，出自诸葛亮《心书》。次“辽北西番诸夷国”，曰“撮其紧要者复列此图”。

次“西洋诸国”，多出自茅元仪《武备志》，然亦有出于《武备志》之外者。

次“古西域总叙”，最早出自《通典》，《文献通考·四裔考》有录。而《图书编》此段文字与后“古西域考略”皆来自《文献通考》。“西戎总论”则引苏辙之言。次“西域图”，出自《广舆图》。次录王宗载《四夷馆考·回回馆》。至此散落在《图书编》五十卷、五十一卷两卷的“回回馆”全部出现。核对向达文章，较巴黎本《四夷馆考》，《图书编》在此处多出“祖法儿”“览邦”二国。此二国文字又见于明罗日褧《咸宾录·西夷志》卷四中，罗书参合了多种文献，但明显可以看出包含了与《图书编》相同的文献来源。《咸宾录》的引用书目里有《四夷馆考》，因此可以推测，《图书编》较巴黎本多出的二国也是《四夷馆考》原有的内容。次“西天馆”，出自《四夷馆考》，有删节。次“西番馆”。向达将陈士可本、罗振玉本与巴黎本对校后说“两本上卷卷末西番馆自宣德‘九年阐化王贡使乩藏等还以赐茶’以下至卷末，凡缺一千一百四十六字，另错入《序》文一百三十五字”。将《图书编》所收《西番馆》与罗振玉本相对比，发现此卷开始部分与罗本相差甚大，《图书编》为：

> 吐鲁，凡百余种，古曰西戎，又曰西羌，其先出自三苗。由舜徙三苗于三危，去肃州数百里。南接蜀汉，徼外蛮夷，西北接高昌诸国。昔成汤伐畎夷，季历伐西洛，武王时羌髳率师会于牧野，宣王时戎杀秦仲，幽王时申侯与戎攻杀王。平王迁都洛邑避犬戎，于是戎逼诸夏。自陇山以东及乎伊洛往往戎夏杂居焉，故有狄□戎、邽戎、冀戎、义渠戎、大荔戎、骊戎、陆浑戎、阴戎、蛮戎遍处内地。故春秋戎与诸夏会盟伊，洛戎侵曹鲁，入王城矣。秦汉时烧当先零锺羌参狼为最强，至东汉则滇羌自称天子北地，晋时赤亭羌姚秦称天王矣。厥后西羌地为吐谷浑所并，唐初吐蕃最大，称其君长曰普赞，幅员万里，驱逐天子。唐虽纳币结婚而败盟寇患无宁日。五代以后部落各分，宋元乘其衰得以收复西北，故元世祖始郡县其地，以吐蕃僧帕克斯巴为大宝法王……

罗振玉本仅寥寥数字：“西番，即土番也，其先本羌属，凡百余种，散处河湟洮岷间，元世祖始郡县其地，以吐蕃僧帕克斯巴为大宝法王……”罗振玉本“自洮州出”后，《图书编》接“洪武初”等文字，而无巴黎本自宣德“九年阐化王贡使乩藏等还以赐茶”以下等文字。据此猜测，《图书编》所录“西番馆”与巴黎本“西番馆”合在一起，应为王宗载《四夷馆考》“西番馆”原貌。次有“外史氏”曰一则：

按外史氏曰：西戎亦能为中国患，从申侯逼迁西周附隗嚣族拒东汉唐连吐番直入长安宋失河并于西夏，为祸不小。我以官赏市羁縻之西鄙稍微宁。正德后以边戎大弛，戎心遂启，琼议欲于洮岷河兰间缮城堡、远斥堠、广储积、谨修海，虏勿使得连西番，即有侵侮，发请精兵驻临洮巩昌要害之地拒之，斯良策也。

此“外史氏”即《吾学编》的作者郑晓。后录按语似出章潢之手。次“顺抚逆剿以处四夷”，乃陕西副使吴题奏疏，亦见《昭代典则》卷二十七“土鲁番请放还牙木兰，不许”条下，《图书编》更详。

第五十二卷，述“北虏”诸国。“古北虏总叙”出自马端临《文献通考·四裔考》，次“北狄总论”最早出自诸葛亮《心书》，次“古北虏考略”节略自《文献通考·四裔考》，次“古北狄总论”出自苏辙，次“北虏总叙”，见于《国朝典汇》和《吾学编》，次《朔漠图》出自《广舆图》。次“鞑靼馆”，全录《四夷馆考》。次“三卫总论”“朵颜在渔阳塞外……不然忧未已也”见于郑晓所撰《今言》，“大抵其俗喜偷剽……而耳目犹在也”则出自王世贞《弇州四部稿》。次“朵颜大宁福余三卫”，据《登坛必究》，出自邱濬，此段文字也见于成书于嘉靖三十三年（1554）的《皇明经济文录》。次“虏情说”，也见于最早刻于万历十一年（1583）陈全之所辑的《辍耰述》。次“皇朝统御内外夷论”除《图书编》外未见，从行文来看应为明人论外夷之说。次“中国无求夷狄”，出自范祖禹《唐鉴》，《通鉴纲目》也引用了这段话。次“抚剿南夷北虏总论”，余有丁《余文敏公文集》有此段文字。《余文敏公文集》万历本前有万历二十年（1592）沈一贯序。

从以上分析来看《四夷边图》可能就是《广舆图》，《四夷馆考》就是王宗载《四夷馆考》，“古夷考略”指的是马端临《文献通考·四裔考》中的内容，而“各夷见闻”则包括了如诸葛亮《心书》、朱熹《通鉴纲目》、郑晓《吾学编》、桂萼《广舆图叙》、胡宗宪《筹海图编》等著作。此外《图书编》此处还引用了余有丁、王世贞、沈一贯、许孚远等人的著述，这些人的相关著作刊于《图书编》成书（万历五年）之后，有的作者与章潢几于同时，章潢的材料是否来自他们的著作不能妄下断言。

从体例上来看，章潢的行文材料编辑框架依托已经存在的著作，即马端临的《文献通考·四裔考》。在这个框架之下，章潢把《广舆图》《四夷馆考》以及其他相关文献打散融入各个对应的部分。

从对这一部分的分析来看，除了取材广泛，涉及多种著作，还收录一些在当时来看也是非常新的材料，比如张位、沈一贯的“经理朝鲜疏”(万历二十五年)，许孚远的“请计处倭酋疏”。之前对《图书编》零星的研究也提到过这一点，比如《图书编》中收有利玛窦的《山海舆地图》，地理编中收有王宗载的《四夷馆考》。这些图和书都成于《图书编》成书时间万历五年以后。这些例子已经可以充足证明，在《图书编》完成以后，章潢一直没有放弃对《图书编》的增补，“外四夷馆考”这一部分的材料更加证明了这一点。

那么章潢为什么要不断加入这些新的材料？从“经理朝鲜疏”“请计处倭酋疏”等奏疏来看，我们能比较明显地看出章潢的意图。这几篇奏疏的诞生都与万历时期重要事件万历朝鲜战争有关。万历朝鲜战争，朝鲜称“壬辰战争”或“壬辰倭乱”，日本称“文禄庆长之战”。此次战争分为两个阶段，第一阶段，万历二十年四月十三日（1592年6月9日），丰臣秀吉在统一日本以后，为了转移矛盾，发动对朝战争。此次战争之前，倭患一直困扰明朝沿海省市。然而此次战争，已经不仅仅是倭寇劫掠的性质。仅仅两个月的时间，日军迅速攻陷汉城、开城、平壤等朝鲜主要城市，直逼鸭绿江边境。朝鲜国王李昖逃到中国境内，朝鲜面临亡国危险。经过一系列准备，明军于万历二十年十二月二十三日（1593年1月25日）正式入朝作战。在不到四个月的时间里，明军连克平壤、开城，万历二十一年四月二十日（1593年5月20日），明军收复汉城，日本求和。

第二阶段，万历二十四年（1596），丰臣秀吉借口和谈失败，再次对朝鲜发动战争。四月（1596年4月），明军参与作战。至万历二十五年二月（1597年3月），明军收复开平、庆尚等城。然而因为二月天气严寒，明军后备物资供给不足，战争陷入僵持，二月乙亥（1597年3月31日），张位、沈一贯上“经理朝鲜事宜疏”，提出从山东登莱出发，横渡渤海湾补给明军。此后，战争一直僵持，直至1598年9月，丰臣秀吉去世，遗命日军从朝鲜撤退。十月、十一月，明朝联军大举反攻，虽因指挥不当，出现大规模伤亡，最终还是赢得这场战争。

万历朝鲜战争是明朝历史上对外战争最后的辉煌，经历这场战争的章潢，相信对这场战争的胜利与有荣焉，这也解释了《图书编》为什么会收录大量与朝鲜、日本有关的材料。作为一个士大夫，这也体现了章潢经世致用的思想。

章潢《图书编》“外四夷馆考”部分（五十卷、五十一卷、五十二卷）收录了王宗载《四夷馆考》七个馆的内容：鞑靼馆、回回馆、西番馆、高昌馆、女直馆、西天馆、暹罗馆。其他三馆八百馆、百夷馆、缅甸馆则收录在卷四十八云南夷之后。向达文中提到八百馆文末巴黎本与陈士可本、罗振玉本不同。《图书编》所录如下：

> 境内有南格剌山。山上有河，属八百，北属车里。附老挝、车里、孟艮于后。

将此段与向达所录对比，发现《图书编》没有写八百物产的“土产犀象、金宝、白檀香、安息香”这一句。这种情况不只出现在这里，在其他国家也有这种情况，《图书编》所收《四夷馆考》均不涉及巴黎本里物产、风俗的部分。不知巴黎本、陈士可本、罗振玉本这部分内容是后来所加，还是章潢删减了原书的这部分内容。

向达文章中对校巴黎本、陈士可本、罗振玉本发现百夷馆开篇，罗振玉本有脱文。《图书编》中亦收录此脱文如下：

> 其所部猛密有宝井，为木邦利府，陶孟思歪领之。陶孟者，犹华言头目也。木邦宣慰司罕揲以其女曩罕弄妻司歪。罕揲死，其孙罕乞立，嗜酒好杀。曩罕弄遂以猛密叛木邦。成化初南宁伯毛胜守云南，猛密宝石，许得自贡，不关木邦。大监钱能尤利其珍赂。曩罕弄遂怙势无忌，略地自广。十六年大监王举索猛密宝石不得，因疏猛密木邦罪，请征之，曩罕弄大惧。会有江西人周兴五者，逋猛密，因为曩罕弄计，遣人赍金宝，赂政府，求释罪，且请授官。政府许之。遂授意都御史陈宗往抚之。宗至猛密，曩罕弄恃有内援，益踞傲不出迓宗。且要宗过南牙山就见坐讲。宗不得已从之。曩罕弄乃曰，我猛密之于木邦，犹大象之孕小象也。

将《图书编》此段文字与巴黎本对校，发现《图书编》文意更加通顺。比如“犹大象之孕小象也”，下文为“今小象长成，躯倍大象矣”，文意通顺。而巴黎本作“犹大象之字小象也”，虽然“字”字也有孳乳之义（《说文解字》），但究属古义，此处“字”仍当为“孕”字形近之误。向达先生在文中提过，对校巴黎本、陈士可本、罗振玉本除文中所提到大段脱文之外，单文只字可以校定毋虑有四百多条，都收录在他所写成的定本之中。现先生所抄写巴黎本、所校定定本皆下落不明，原藏法国东方语言学校的巴黎本也不知何处，如若能找到其中的任何一本，将之与《图书编》所收《四夷馆考》对校，对恢复王宗载《四夷馆考》的原貌当大有助益。

·书评序跋·

《清代诗文集珍本丛刊》前言

陈红彦

海内庋藏中文图籍之富且珍者，首推国家图书馆。作为国家总书库，国家图书馆建馆一百零六年来，皇家秘籍、民间珍藏、流沙劫余、考古出土，直至近当代出版的书籍报刊，各类文献如涓流百川之汇大海，逐步形成了三千五百万余册馆藏的洋洋巨观。其中中外古籍善本和金石拓片、中外舆图、少数民族文献等特藏以其经典、宏富的面貌折射出华夏五千年文明的轨迹，映射出东西交融的历史，无疑代表着国家图书馆藏书的精华。

国家图书馆古籍特藏约三百万册件，由甲骨、金石拓片、敦煌遗书、善本、普通古籍、名家手稿、革命文献、古旧舆图、少数民族文字古籍、西域文献、老照片、年画、外文善本等门类共同组成。这些珍贵的典籍，一方面承袭南宋以来皇家珍藏，与南宋缉熙殿、元翰林国史院、明文渊阁、清翰林院及内阁大库等一脉相承，益之新中国成立后中央政府向国家图书馆的多次调拨，成为国家图书馆馆藏珍贵典籍的基础；一方面来自历代藏家毕生积聚的慷慨捐让，瞿氏铁琴铜剑楼、傅氏双鉴楼、潘氏宝礼堂、周叔弢自庄严堪、常熟翁氏、涵芬楼等明清以来累世宝藏，著名的公私藏书，如百川归海，陆续入藏国家图书馆，形成国家图书馆珍贵典籍的丰富多彩；再一方面是百年来国图人不遗余力地积极搜求，多方面的努力形成今天国家图书馆典籍的洋洋大观。这些典籍负载着中华文明，凝聚着民族智慧，记录着中外文化历史交融。在馆藏三百万册件珍贵藏品中，善本和普通古籍从数量上居其大半，成为馆藏珍贵典籍最主要的形式。

诗文集，多指古代目录学中所称“别集”，由个人的作品结集而成，在反映个人的思想、知识、行为，以及所见、所闻、所感方面，包含内容广泛，既是丰富的历史生活的记录，又是珍贵的文化遗产宝藏。不同出身、地位、经历、职业、思想以及居住和活动地区不同的众多作者，涉及了各个时代、各个地区社会历史、经济文化、民情土风以及许多人生活、思想的各个方面，给后世研究者勾勒出更丰富、更真实的历史画面，可以起到网罗散佚、保存文献的作用（戴逸：《清人诗文集总目提要·序言》，据柯愈春著《清人诗文集总目提要》，北京古籍出版社，二〇〇二年版）。

清代学术文化集前代之大成，诗文之盛亦远迈前代。有清近三百年，个人诗文别集成为记录清代历史文化的一个极为重要的载体，反映了有清一代数百年间社会历史的整体面貌和发展脉络。初期的易代沧桑、中叶的安宁鼎盛、晚清的社会变革，都在清人诗文作品中留下了鲜明的印记。清人诗文作品之多、流派之繁、作者之广、成就之大，足以与前代媲美，同时亦反映出清代文学创作集前代之大成的特征（黄爱平：《略论清代诗文集的整理编纂及其价值意义》，《清史研究》二〇一〇年第二期）。

据统计，清人各种著述总数约计二十二万种，其中诗文集逾七万种，现存约四万余种。然而，由于种种原因，自清朝灭亡以来的一百年间，清人的诗文作品整理出版的数量十分有限。

国家图书馆馆藏中，善本清人诗文集有两千零七十一部，普通古籍清人诗文集有四千八百五十部，加之近现代名人手稿的收藏，可逾七千部。

为将馆藏清人诗文集提供给更多的学者研究使用，国家图书馆出版社与国家图书馆古籍馆商议择选其中珍本，编为《清代诗文集珍本丛刊》。在沈乃文、蒋寅等专家的建议、指导下，我们将选择原则定为存世稀少、不曾影印出版过的部分，希望通过影印出版，为学界提供第一手资料。此次影印的选目以柯愈春先生的《清人诗文集总目提要》为基础，我们经仔细查重，将二十世纪二十年代以来影印出版的著作如《清代诗文集汇编》等收录的文献滤出，故而汇编纳入者多为首次影印出版。

经过遴选，《清代诗文集珍本丛刊》收录国家图书馆馆藏一千三百三十九部清人诗文集，其中稿钞本文献五百三十六部，刻本六百八十二部，活字本十九部。稿钞本中名家稿钞本及未刊本较多，如翁同龢、翁心存、翁方纲、吴骞、祁寯藻、邵懿辰、张廷济、王士祯、严绳孙等名家稿本，士礼居、烟屿楼、铁琴铜剑楼、东书堂、翁同龢、焦循、李文田、管庭芬等名家钞本，可谓精彩纷呈。这些诗文集中还有众多名家校注题跋等，更提升了其资料价值。如清邵懿辰《半岩庐遗诗》，邵懿辰稿本占其半，朱学勤、潘祖荫、孙诒经、谭献、杨文莹、吴庆坻跋，杜文澜、林启、陈豪、梁鼎芬题诗，亦占其半。在欣赏稿本文献艺术价值的同时，当时文人的交游、文献的流传亦有显现。

一代历史造就一代文学，一定历史时期的诗文创作亦反映一定历史阶段的社会风貌和时代特色。本书收录的文献中有很大一部分为清道光后文人的作品。此时，欧风美雨伴随坚船利炮大举入侵中国，中西文化激烈碰撞交融，民族危机、社会危机日益深重，学人士子面临“千百年来未有之大变局”，多忧心时事，反抗侵略，致力于探索经世致用、救国救民的途径。其诗文创作或阐发旧学，或扬榷新知，或主张改良，或倡导革命，或蕴含忧患意识，或弘扬爱国精神，呈现出新旧激荡、中西交汇的复杂状况。在书籍内容之外，诗文集的制作方式在钞稿本、刻本外，也有为数不少的活字、铅印、石印、油印等不同刻印方式的使用，也反映了那个时代印刷方式的多元和中西方交流的背景。

《清代诗文集珍本丛刊》收录国家图书馆馆藏清代诗文集著述，不仅最大限度地抢救、保存了一批珍稀文献，也希望为研究者提供尽可能完备可靠的版本，给学术研究带来便利。我们组织相关人员为这部书中收录的文献撰写了提要，希望成为读者利用的一个导引。我们希望这部《清代诗文集珍本丛刊》的出版，对清代社会、历史、思想、文化，乃至文学、艺术等各领域的研究，起到积极的推动作用，并更好地保存、保护珍善本古籍。其学术价值和文献意义也将随着时间的推移愈益久远。

册府撷英，珍宝琳琅
——《中国古籍珍本丛刊》的策划与出版

廖生训

一

20世纪80年代初，北京图书馆（今国家图书馆）注意到善本阅览室的读者在日益增多。据统计，当时单是前来查阅方志的，每年就达两万多人之多。人们意识到，随着经济和文化的发展，一股新的文化和学术热潮即将到来，国内外学术界阅读、研究古籍善本的需求将不断扩大。这种需求对古籍尤其是善本的保存保护来说，自然是一种威胁。要知道，纸寿千年，珍本古籍的“藏”与“用”从来就是一对矛盾。

为了解决这一矛盾，促进学术事业的发展，北京图书馆于1988年到1998年十年间，将馆藏近五百种珍本古籍系统地选编影印出版，供学术界研究利用。这套丛书所收古籍包括宋金元明清各代的刻本，元明清三代的抄本、稿本，其中近四分之一为北京图书馆独家收藏的孤本。成书为精装16开，上下双栏，全120册，由书目文献出版社（今国家图书馆出版社）出版。

大型丛书的好处，正在于能容纳更多的珍善典籍，便于研究者利用。这套丛书甫一面世，就受到了学界和图书馆界的广泛关注。由于每册单独定价，学者可以根据研究需要选购自己用得着的品种；图书馆则多整套购买。这套丛书虽因出版周期过长，整体规模大、定价高，导致曾经有一段滞销期，但出齐后销售进度特别快，没几年即告售罄。

这无疑是一种双赢的局面：对学者来说，自己需要的珍贵文献可以手置一册，随时翻检；图书馆则通过善本的复制品，可以更好地保护原始文献了。

不过，限于各种条件，尤其是图书馆界整体的开放性不够和出版社尚无实力全面铺展，北图出版此套书后，其他图书馆并未跟进，出版社当时也仍将主要精力放在北图馆藏资源的开发上。

二

2002年，国家图书馆出版社承担了国家项目——“中华再造善本工程”。这一工程是新中国成立以来，通过仿真再造形式对善本古籍进行再生性保护的最重要的项目，备受世人瞩目。这一项目汇聚了国内数十家重点古籍收藏单位最重要的珍贵典籍，一期完成758种古籍文献，二期完成583种，线装计2377函13400册。无论从规模和形式而言，《中华再造善本》都超出《北京图书馆古籍珍本丛刊》很多。

不过，再造两期合计不过1300多种，加上计划运作的第三编，也只有两千余种。而现存珍本古籍，据《中国古籍善本总目》（上海古籍出版社，1990—1998年出版）统计，称得上传世孤罕的即有四万五千种之多，可见目前已经影印出版的，极为有限。《中华再造善本》的形式也决定了它所能吸纳的文献数量有限，不能将珍善典籍尽数网罗。

显然，在“中华再造善本工程”之外，有必要做更进一步的工作，系统、深入挖掘藏书机构的珍本文献，为学术界和图书收藏机构提供更丰富、更全面的仿真影印本。如能以《北京图书馆古籍珍本丛刊》为样本，陆续出版各藏书机构的珍贵典籍，则既能为各藏书机构珍本文献的再生性保护提供可能，同时让这些文献有成百上千的替代品，发挥文献资源应有的学术价值，从而为弘扬传统文化、实现强国梦奠基。而这一工作，也必然能得到目前正如火如荼的“中华古籍保护计划”的支持，保护和利用珍贵典籍，正是这一计划的核心主旨所在。

这一工作，还具备了另外一个切实可行的客观条件。国家图书馆出版社在历史文献影印领域经营二十余年后，已经逐渐脱离完全依靠本馆的单一模式，与海内外藏书机构陆续展开业务合作，出版了一系列以馆藏为基础的专题丛书，如“著名图书馆藏稀见方志丛刊”等。这些图书也深受欢迎。实践证明，以馆藏为基础进行文献开发，不仅符合学术研究需要和收藏需要，而且操作性更强，对促进文献披露意义重大。以地方志为例，一次性收集千余种稀见方志是难以想象的，而以馆藏为基础开发，目前已有近三十家重点收藏单位参与，开发稀见方志近两千种。

为此，2011年天津图书馆古籍部主任李国庆先生向国图出版社倡议出版各馆珍本丛刊时，与社领导的想法不谋而合，当年即开始计划并实施

《中国古籍珍本丛刊》。出版社向国家古籍保护中心汇报后，得到了充分的肯定和支持。五年后，《中国古籍珍本丛刊》已出版天津图书馆卷、广东省立中山图书馆卷、安庆图书馆卷、澳门大学图书馆卷、西南大学图书馆卷、武汉大学图书馆卷、河南大学图书馆卷等近十种300余册，涉及珍贵典籍近千种。同时正在编纂哈佛燕京图书馆、浙江图书馆、复旦大学图书馆、东北师大图书馆等十余家的珍本丛刊。

需要说明的是，目前有故宫博物院、中国人民大学图书馆等几家机构也出版了珍本丛刊，虽然没有得到中华古籍保护计划的支持，也属不谋而合，与《中国古籍珍本丛刊》形成合力，共同向学术界、图书馆界提供最重要的古籍文献。

三

经过与全国范围内图书馆古籍界同仁的多次讨论与磋商后，出版社形成了可操作性很强的出版方案。方案如下：

其一，整体以《中国古籍珍本丛刊》为题，陆续出版各图书馆、博物馆等藏书机构珍藏善本文献。各馆形成的文献丛刊，命名为《中国古籍珍本丛刊·××馆卷》。

其二，本丛刊遴选对象为海内外图书馆收藏的珍贵中文古籍。计划收录数十家藏书机构数千种古籍善本。

其三，收录标准：

（一）依据《中国古籍善本书目》著录，现存传本数量在三部以内（含三部）。

（二）《中华再造善本》一期、续编已收录的文献，原则上不再收录。

（三）近年各类影印本古籍丛书如《续修四库全书》和《四库全书存目丛书》等“四库系列”丛书，《丛书集成》及其《续编》，《北京图书馆古籍珍本丛刊》等大型古籍丛书，版本相同的不再收录（有名家批注者酌收）。

（四）各馆藏部帙较大的珍本古籍，具有特殊价值、宜单独印行的，不予收录。

（五）产生于1912年以后的，有关传统学术内容的名家稿本，酌情收入。

其四，编辑方法：

（一）文献收藏单位据《中国古籍善本书目》查核后，根据馆藏特色，提交拟目；出版社据“新中国古籍影印丛书总目”（该书收录1949—2016年出版的影印丛书）等工具书进行审核删订；专家审核选目；出版社与文献收藏单位最终确定选目，进行扫描拍照。

（二）以馆藏地为单位，进行分卷命名，如《中国古籍珍本丛刊·天津图书馆卷》。双栏影印，个别不适合双栏者，以半叶排版。

（三）按照经史子集丛分类，各类之下略以各书成书年代为序；各书制作标准的新书名页（含书名卷数、作者、版本等）。

四

中华民族是以五千年绵延不断的文明屹立于世界民族之林的。这一文明薪火相传最好的见证，莫过于浩如烟海的传世经典，其丰富、完备程度远非其他民族可及。古籍文献主要收藏于全国图书馆系统，据调查，各级公共图书馆、高校图书馆、科研单位共收藏古籍2750万册，其中可列入善本的有近250万册。按品种和版本估算，则大致有20万种50万个版本。除图书馆系统外，公立机构尚有博物馆、寺院等藏有大量古籍。此外，散失海外的珍本秘籍也不在少数。毫无疑问，这些珍贵典籍是我们独有的宝贵而丰富的文化遗产，弥足珍视。

这些典籍中，最受关注和重视的，无疑是善本或曰珍本古籍。基于中国文化以源点扩散的形式，越是早期文献，其文献价值越高；与此同时，因年代久远，数量既少，保存尤难，其文物价值自然更高。对于善本，因其珍贵，其保存机构一般以保护为第一要务，但这些典籍对于研究传统学问和学术发展不可或缺，所以在“藏”与“用”的问题上，不免矛盾、困扰。历史上，对于善本古籍的摹写、影抄、影刻，是解决这个矛盾最重要的方法。明清两朝留存至今的古籍，有大量的影刻、影写宋元版本，即为例证。西方印刷技术传入后，石印等手段为善本影印提供了极为便捷的方式，由此，民国时期出现了《百衲本二十四史》《四部丛刊》《丛书集成》等多部足以传世的大型影印古籍经典丛书。这些丛书将大量历代深藏内府和藏书楼的珍本秘笈公之于众，为学术研究的深入开展提供了丰富的内容，至今造福学界。

《中国古籍珍本丛刊》收集的内容及采用的形式，决定了它也能成为传世经典，为当代和后世提供极其丰富的文献宝库。

“继绝存真，传本扬学”
——论《中华再造善本》选目特色与编纂学思想

靳　诺

国家图书馆出版社出版的“中华再造善本”（一期、续编）（以下简称“再造”）工程是在国务院领导下，由文化部和财政部共同组织实施的利用现代化出版印刷技术，大规模保护、复制珍稀善本特藏、传播中华优秀传统文化的中华古籍文献保护和建设工程，是一个气势恢宏、意义深远的国家文化项目。2002 年 5 月启动，分两期实施。再造一期陆续，2007 年 1 月出齐，包括唐宋编 442 种 826 函 5631 册另 2 轴、金元编 316 种 568 函 3343 册；再造续编二期陆续出版，2014 年 10 月出齐，包括明代编 323 种 568 函 2635 册、清代编 229 种 376 函 1675 册另 2 轴、少数民族文字古籍编 29 种 37 函 104 册另 1 轴、唐宋补遗 2 种 2 函 7 册。两期共出版唐宋以降的珍贵文献 1341 种。本丛书出版发行后，受到社会舆论广泛好评，取得了深远的社会影响。其选目精当，具有极高的文物、版本价值和文献、艺术价值。既确保了珍稀古籍的传承安全，同时兼顾其学术价值和学术体系，达到“传本”与“扬学”这两个古籍影印宗旨的完美统一。

再造底本的选择以汉文为主，兼顾少数民族文献及其他特藏文献。综合考虑到我国传世典籍的存量、分布、状态、功能、质地和流传经过等因素，着重选择现存数量少、保存状况不佳、流传过程富于传奇色彩的经典文献，以使其化身千百，永久流传。具体来说，其选目具有以下几个特点：

一、底本选择范围广，规模宏富

《再造善本》的底本选择范围涉及国内包括国家图书馆和各省、自治区、直辖市图书馆以及高校、科研系统图书馆，乃至博物馆等在内的 52 家馆藏地所藏的最珍贵的古籍善本资源，其中国家图书馆和省级图书馆 19

家，博物馆 4 家，大学图书馆 11 家，各大科研机构 16 家，私人藏 1 家，海外藏 1 家①。如此调动全国之力，合编一书，在新中国出版史上应是前所未有的。从文献资源共享的角度上讲，此次《再造善本》的编辑出版，也是一次大规模的、成功的实践，起到了示范性作用。

前文已述，再造丛书分类首先按版本时代划分为唐、宋、金、元、明、清等，突出本丛书注重版本时代价值的编纂思想；每编下又按传统的经、史、子、集、丛类归，每部下基本以《中国古籍善本书目》排序。从内容上看，不仅涵盖中国古代思想、政治、经济、军事、科学、教育、文学、艺术、地理等各个方面，且在把握选目的整体风貌的同时，体现出各个时期具有独特历史资料价值的善本特藏都有完整系统。如清江蘩辑《四译馆考》十卷，反映明代与周边少数民族之间历史关系、友好往来与相互交流；瑞士邓玉函口授、明王征译绘《远西奇器图说录最》三卷，是第一部系统介绍西方机械的中文专著，也是我国最早采用拉丁字母符号排序的科技书籍；北魏杨衒之撰《洛阳伽蓝记》五卷，体现魏晋南北朝时期佛教兴衰的历史过程与时代特点。从规模上看，近代张元济先生主持石印的《四部丛刊》初、续、三编，专一收集古籍善本，耗时十七八年，规模空前宏大，但三编总计收书亦止 477 种，11921 卷。与之相比，再造丛书一期和续编相加共收书 1341 种，其中单是元以前版本就达 760 余种，已远远超出了《四部丛

① 国家图书馆 940 种，上海图书馆 143 种，南京图书馆 32 种，辽宁省图书馆 17 种，首都图书馆 4 种，天津图书馆 6 种，浙江图书馆 3 种，苏州图书馆 3 种，山东省图书馆 2 种，云南省图书馆 2 种，吉林省图书馆 1 种，湖南省图书馆 1 种，江西省图书馆 1 种，四川省图书馆 1 种，西藏图书馆 1 种，大连市图书馆 1 种，甘肃图书馆 1 种，常熟市图书馆 1 种，山西省祁县图书馆 1 种；山东省博物馆 7 种，故宫博物院 6 种，天一阁博物馆 6 种，上海博物馆 3 种；中国科学院文献情报中心 6 种，中国民族图书馆 5 种，中国中医科学院中医药信息研究所 3 种，中国艺术研究院 2 种，云南省西双版纳傣族自治州少数民族研究所 2 种，北京市文物局图书资料中心 1 种，敦煌研究院 1 种，中国中医科学院图书馆 1 种，广东省社会科学院图书馆 1 种，广西壮族自治区少数民族古籍整理出版规划领导小组办公室 1 种，军事科学院军事图书资料馆 1 种，江西省星子县文物管理所 1 种，三都水族自治县档案馆 1 种，宁夏回族自治区文物考古研究所 1 种，西藏藏医学院图书馆 1 种，上海辞书出版社 2 种；北京大学图书馆 83 种，清华大学图书馆 11 种，北京师范大学 5 种，复旦大学图书馆 3 种，华东师范大学图书馆 2 种，中山大学图书馆 2 种，南开大学图书馆 1 种，人民大学图书馆 1 种，天津师范大学图书馆 1 种，武汉大学图书馆 1 种，西南大学图书馆 1 种；英国国家图书馆 1 种；私人藏书 2 种。北大、国图配补 3 种，复旦、国图配补 1 种，国图、辽图配补 1 种，国图、上图配补 2 种，国图、南图配补 2 种，国图、山东图书馆配补 1 种，上图、北大配补 1 种，国图、天一阁、北大配补 1 种，国图、国博配补 1 种。20 世纪 70 年代影印元至正元年刘觉广江陵刊经所刻朱墨套印本 1 种。

刊》的数量。不惟《四部丛刊》，即便历数晚清以来辑印善本的种种丛书，能如再造选录之富者，迄未有之。

二、版本价值高

影印古籍，尤其是丛书，选目之前制定合理的选录原则是关键。在再造丛书出版《序言》中，李致忠先生谈到："考虑到各个时代古籍的留存数量不同，愈古愈少，愈古愈贵，故此次选收版本大抵宋元以前从宽，明清两代从严。'从严'自然意味着反复比较，优中选优，最所看重的是其版本的代表性和重要性。而所谓'从宽'，亦并非不加检选，包罗一切。"具体来说，第一，注重收录流传有序，递藏分明，有众多学者、藏书家题跋、评论、校勘，这些承载更多学术价值的古籍珍本。如李先生在《序言》提到，《唐宋编》中魏王弼、晋韩康伯注《周易》一书，国家图书馆藏有三种宋刻，一种元刻。三种宋刻中一种无题跋，一种配清影宋抄本，为求佳本，工程编纂出版委员会成员们反复翻检、斟酌，最终选取有董其昌、文嘉、文震孟、文从简、秦蕙田题跋的本子收录。第二，尽量选择卷帙完足的全本收录。如《史记》二、三家注本，《中国古籍善本书目》著录宋元（含蒙古）刻本共计 15 种，其中惟有宋乾道七年蔡梦弼东塾刻本、宋淳熙三年张杅桐川郡斋刻八年耿秉重修本、宋黄善夫家塾刻本（清黄绍箕题款）和蒙古中统二年段子成刻明修本、元至元二十五年彭寅翁崇道精舍刻本入选，其余则或以原本残缺过甚、或以配补用本略逊而被淘汰。由此可见，即使是极为珍贵的宋元刻本，也因为卷帙的限制而不得不割爱。第三，收录海内外仅存的孤本，或流传稀少、具有重要版本价值的典籍。再造丛书中收录两种《周易》，一种是文上所述本，还有一种是元相台岳氏荆溪家塾本《九经》零种，经考证乃元初义兴岳氏据多种不同版本校正重刻，堪称精审，传世极罕，各大家藏书志中均未著录，洵为珍贵，故亦入选。本着"明清两代从严"的原则，明清编中还有明会通馆铜活字印本《会通馆校正音释书经》十卷，明洪武三年（1370）王氏勤有堂刻本《贞观政要》十卷，明天顺五年（1461）内府刻本《大明一统志》九十卷，明弘治十四年（1501）涂祯刻本《盐铁论》十卷、明末毛氏绿君亭刻本《洛阳伽蓝记》五卷，明天启刻本陈老莲《水浒叶子》不分卷，明崇祯十年（1637）涂绍煃、宋应星刻本《天工开物》四卷，明抄彩绘本《履巉岩本草》，明弘治十六年（1503）金兰馆铜活字印本《西庵集》十卷等等，有些或为首刻、首抄；或为祖刻宋元传本，而祖本又失传的版本；或品相好，无破损，纸墨俱佳的善本。不仅书籍本身重要，版本也绝无仅有。第四，著名作品的稿本或有代表性的抄本。稿本是诸本之祖，出于著者之手，无传抄、翻刻之误，最为可信。稿中勾乙增删之处可见著者著述、治学的历程，反映著者的学术思想，弥足珍贵。抄本则是赏鉴家、藏书家为保存珍稀旧本而精心缮写的精抄本。若刻本亡佚，则赖抄本保存原书内容，若抄本出于不同版本系统，则有重要的校勘价值。再造丛书收录稿抄本共204种。其中续编中稿抄本193种，占续编总量的三分之一左右。如惠栋稿本《周易本义辨证》五卷、戴震稿本《续方言》二卷、焦循稿本《雕菰楼易学》四十卷、黄以周稿本《十翼后录》七卷、翁方纲稿本《仪礼蠡测签注》二卷、蒲松龄稿本《聊斋志异》不分卷等，都是学术价值很高的秘本。第五，在中国书籍史和印刷史上具有代表性的珍稀典籍。再造选目中还收入一些体现中国历代高超印刷技术特色的本子。如清道光十二年（1832）李瑶泥活字印本《校补金石例四种》十七卷，西夏文西夏时期木活字印本《吉祥遍至口合本续》，明正德十年（1515）华坚兰雪堂铜活字印本《蔡中郎文集》十卷，明凌濛初刻朱墨套印本《西厢记》五卷《解证》五卷《会真记》一卷等，包含朱印本、蓝印本、活字本、插图本、套印本、影抄本、画谱、笺谱等等版本类型。可以说是尽览中国古代图书印刷的概貌，一部活生生的中国传承发展千余年的传统印刷术史。

三、重视少数民族文字古籍的收录

中华文明是由各族人民共同创造的。为了凸显各民族共铸中华文明辉煌历史的主题，再造丛书在编辑分类上，除了按版本写刻时代，分为《唐宋编》《金元编》《明代编》《清代编》四编外；又按文字之不同，将民族文字古籍集中在一起，专门编为《少数民族文字古籍编》。即体现了我国“民族平等、团结和共同繁荣”的民族政策，同时保护了各民族历史文献，对促进多民族文化的大发展大繁荣起到推动作用。再造共收录少数民族文献29种，其中回鹘文1种、东巴文2种、西夏文4种、水文2种、彝文3种、满文4种、藏文2种、察合台文3种、蒙古文3种、于阗文1种、白文1种、傣文2种、古壮文1种，共13种文种。内容涉及宗教、医药技术、文学历史等题材，充分展示了我国少数民族人民的智慧与文明。如西夏文刻本《吉祥遍至口合本续》，学界一致认为是目前最早的西夏文活字印本，同时被选为中国64件禁止出国展出的文物之一。此经的发现，将木活字的发明提前了一个朝代，提早了约一个世纪，对研究中国印刷史和古代活字印刷技术具有重大价值。明刻本《劝善经》是现存彝文古籍中最早的彝文刻本。据马学良先生考证，此书似刻于明代水西罗甸王时期，即明万历三年（1575），有很高的版本价值。此书用通俗易懂的语言结合彝族的宗教礼俗、社会思想等方面，劝解人们从善，具有一定学术资料价值。《少数民族文字古籍编》收录的17部抄本中，有于阗文《对治十五鬼护身符》，是民族文献中最早的抄本，对海内外敦煌学研究有特殊的文献价值。东巴文《创世纪》又名《人类迁徙记》，被称为纳西族的英雄史诗，开启了纳西民族文化思想史的先河，对以后的纳西文学产生重大影响。这29部少数民族文字古籍各有特色，从不同的角度展现了民族文化内容和精髓。少数民族文献古籍相对汉字古籍来说，以往学界给予的保护与整理力度还很不够，这次通过《再造善本》丛书得以向世人展现自身价值，但这还只是一小部分，希望以后有越来越多的少数民族文字古籍被发现和重视。

四、对于残本，采取同书同版配补的原则

为追求影印古籍的系统性和权威性，在选目时，应尽可能选择卷帙完足的版本，但由于时代相去久远，原本难免会有残损，或者一书历经数人数代辗转递藏，也难保其卷帙不会流散，不可避免遇到极有价值但缺卷的残本。此种情况下，应根据实际情况区别对待。如《中华再造善本续编总目提要·明代编·经部·埤雅》中谓："《中国古籍善本书目》著录明建文二年刻本此书，今存四部，除国图藏本外，其余三部均系建文本之翻刻本。《中华再造善本》配书原则是相同版本可配补，不同版本不相与配，故虽有建文本的翻刻本，亦不得拼配，只得印制国图所藏十三卷残本。"由此可见，再造丛书采用同书同版配补的原则。这样的配补大抵又有两种情况，一种是数地数部相补，一种是数部同时影印出版。前一种如宋刻本《京本点校附音重言重意互注周礼》十二卷由上海图书馆和北京大学图书馆所藏配齐，元刻本《学易记》九卷由国家图书馆和辽宁省图书馆所藏珠联璧合，明刻本《蜀中广记》一百八卷则由天一阁、国家图书馆和北京大学三处配补。后一种如宋潜说友纂修的［咸淳］《临安志》一百卷，《中国古籍善本书目》著录了三处所藏宋咸淳刻本，各自所存卷数不等，其一藏国家图书馆，存七十八卷（一至二十五、二十九至四十五、六十至六十三、六十五至八十九、九十一至九十七，清傅玉露、杨绍和跋）；其一藏

南京图书馆，存九十五卷（一至六十三、六十五至八十九、九十一至九十七，清周广业校并跋，清沈烺校跋并题诗，清丁丙跋）；另一种亦为国家图书馆所藏，仅止三叶。国图、南图两馆藏本都抄配孔多，实在无法配补为一书，故各自独立印出，保持原貌，便于读者检阅。如此做法，是对于残本古籍科学、慎重的处理方法，使那些同书同本而又长期分藏几地的古籍，尽可能使其成为完璧。

五、从内文版式及印刷装帧体现多样性特点

中国古代图书即注重实用又注意美观，讲究装帧设计，很早就形成了固定的书籍制度。在不同的历史时期，由于所用的载体材料和生产技术不同，装帧形式也不同。再造选取底本时也注重这一特点的体现，特收录有卷轴装宋稿本《宋中书舍人南丰先生曾公谥议》、蝴蝶装宋刻递修本《东家杂记》二卷、经折装西夏文西夏时期刻本《妙法莲华经观世音菩萨普门品》、梵夹装藏文元刻本《因明正解藏论》等等，均保留原本装帧形式制作。从版本类型上看，也各有侧重。中国古代印刷事业以官府、私人、坊间三大主要出版系统为基础。以官府刻书为例，宋元时期，反映官刻本风貌的有宋刻本《监本纂图重言重意互注点校毛诗》二十卷（卷五至七影宋抄配），为南宋国子监刻本；地方官刻的代表宋淳熙三年（1176）舒州公使库刻本《大易粹言》十卷。至元代，政府刻书，地方盛于中央，其中各路儒学、书院刻书影响很大，再造收录元雪窗书院刻本《尔雅》十九篇、元延祐二年（1315）圆沙书院刻本《大广益会玉篇》三十卷等。明代是我国印刷事业大发展时期，其中最为突出的特点是藩刻兴盛，如明嘉靖三十年（1551）徽藩刻本《词林摘艳》十卷、明万历郑藩刻本《乐律全书十五种》四十七卷。清代官刻主要集中在内府，“殿本”最为著名，有清嘉庆十年（1805）武英殿刻本《皇朝词林典故》八卷、清乾隆十六年（1751）武英殿刻本《西清古鉴》四十卷等等①。

结语

从20世纪80年代到21世纪初，中国古籍影印事业持续繁荣。越来越多的中国及海外读者对古籍影印抱有浓厚兴趣与热情。数以万计的古代典

---

① 据《中华再造善本总目》统计，宋司天监本抄本1种，元江陵刊经所1种。

籍因影印而“化身千百”，获再生性保护并广泛流传。随着古籍资源的不断发掘与整合、影印技术的不断发展与改进，中国古籍影印的产品形态正日益丰富，或专题丛书或仿真影印，有效补充了各馆馆藏，为学界提供了当代社会科学诸学科的学术研究基础。如此品类繁多的影印古籍，不免鱼龙混杂，品质良莠不一，除了选题和印刷等方面的问题外，选目的优劣也是影响影印图书质量的重要因素之一。《中华再造善本》丛书可谓新时代古籍影印的经典之作，值得今后从事古籍影印工作的同志从中吸取经验和教训。无论是丛书影印还是单行本影印，在选择底本上都要“学”“本”并重，不能只看版本而忽视学术内容，也不能不重视版本，只看内容。要尽可能做到所选的底本都值得被影印出版，不使不值得影印出版的古籍流入图书市场，既浪费国家资源，又贻误广大读者。既要从版本价值考虑，选择刻印精良的，有特色的底本和孤本、稿本，又要重视各个历史时期的特点及学术动态，将有代表性的人物作品及学术思想反映出来。

参考文献

1.《中华再造善本》编纂出版委员会编著：《中华再造善本总目提要》，国家图书馆出版社，2013。

2.《中华再造善本》编纂出版委员会编著：《中华再造善本续编总目提要》，国家图书馆出版社，2017。

3.《中国古籍善本书目》编辑委员会编：《中国古籍善本书目》，上海古籍出版社，1998。

4. 北京图书馆编：《北京图书馆古籍善本书目》，书目文献出版社，1987。

5. 罗树宝：《中国古代图书印刷史》，岳麓书社，2008。

6. 肖东发、杨虎：《中国图书史十讲》，国家图书馆出版社，2015。

7. 郭晶：《〈中华再造善本〉（续编）少数民族文字古籍的甄选》，《国家图书馆学刊》2016 年第 3 期。

8. 李致忠：《继绝存真传本扬学——〈中华再造善本〉编纂出版情况简介》，《中国出版》2003 年第 9 期。

9. 战葆红：《古籍整理之影印出版刍议》，《出版发行研究》2016 年第 10 期。

10. 查明昊：《当前古籍影印出版的几种模式》，《出版参考》2012 年第 36 期。

《天一阁藏历代方志汇刊》前言

天一阁博物馆

天一阁是由明代兵部右侍郎范钦创建于嘉靖年间的藏书楼，距今已有四百多年的历史。天一阁是亚洲现存最古老的私家藏书楼，也是世界存世历史最悠久的三大家族图书馆之一。天一阁在我国的藏书文化史上具有极其重要的地位，被誉为藏书史上的奇迹。清乾隆皇帝修《四库全书》时，天一阁进呈典籍为海内藏家之最，因此庋藏《四库全书》的南北七阁亦仿天一阁而建。天一阁成为中国藏书文化生生不息的最好象征。

在天一阁的发展史上，范氏十三代薪火相传，为保护天一阁付出了艰苦卓绝的努力，地方有识之士和历代名人学者也为保护天一阁做出了很多的贡献。特别是新中国成立以来，在党和政府的重视关怀下，天一阁在藏书建设、文物保护、典籍整理、服务社会等方面均取得了可喜的成绩。天一阁已由私家藏书楼发展成为一座以藏书文化为核心，集研究、保护、管理、陈列、社教、旅游于一体的专题性博物馆。

天一阁馆藏以古籍为核心，是国家重点古籍保护单位。天一阁现有古籍十六万册三十万卷，其中古籍善本达三万册八万卷。而天一阁藏的历代方志被公认为是天一阁藏书的重要精华，且很大部分为海内外孤本。其所蕴涵的文献价值、文物价值不可估量。多年来，访阁阅书者不计其数。为满足社会需求，天一阁曾于上世纪六十年代、八十年代相继整理出版了《天一阁藏明代方志选刊》《天一阁藏明代方志选刊续编》，在一定程度上满足了各界对于方志研究和利用的需求。近年来，随着经济社会的发展、文化强国战略的实施，各地修志之风日盛。天一阁藏历代方志中，有不少即是各地方志的最早版本，因此需求和利用的呼声渐高；另一方面，随着全国古籍普查工程的实施，天一阁历时多年完成了所藏古籍的普查著录，全面理清了馆藏方志的家底，为开发利用方志奠定了基础；与此同时，经过几十年的不懈努力，天一阁已经基本完成了馆藏破损方志的修复，使方志的影印出版成为可能。

二〇一五年，在宁波市委市政府的高度重视下，在宁波市文化广电新闻出版局的关心支持下，在国家图书馆出版社的有力协作下，《天一阁藏历代方志汇刊》正式启动编纂。

纵览《天一阁藏历代方志汇刊》一书，主要有以下几个特点：

第一，方志数量全面可观。《汇刊》囊括了目前天一阁所藏的历代重要方志，总量达五百一十五部，是天一阁所藏方志的集大成者，其中五分之三为首次面世。

第二，方志覆盖跨度较大。《汇刊》收录了全国二十多个省（市、自治区）的方志，涵盖了全国绝大部分疆域。从时代上看，有宋元方志十五种，明代方志二百九十一种，清代方志一百九十二种，民国方志十七种。刊刻时间前后跨度五百余年。

第三，明代方志凸显珍贵。《汇刊》收录了大量馆藏明代方志。据记载，天一阁曾藏明代方志四百三十五种，比《明史·艺文志》所载还要多，其中有一百七十二种是各地现存最早的志书；还有一百六十四种在《中国地方志联合目录》和《台湾公藏方志联合目录》中均为仅见之本，具有极高的文献价值，为文献研究和新方志的修撰提供了重要的第一手数据。同时，这些明代方志中，还有一批明抄本，如［弘治］《偃师县志》、［正德］《新乡县志》、［嘉靖］《钧州志》等，都是在当时得不到刻本的情况下用蓝格棉纸抄录的，保存至今，尤为珍贵。

第四，方志体例齐全。我国方志发源以来，经过历代修志者的总结和提升，每一个时代的方志体例都有显著特点；即使在同一时代的方志中，由于地方情况、长官好恶、作者文化背景的不同，各地方志也存在着差异。方志的结构、内容、详略、体量等等皆有不同。这些特色各异的方志体例，在《汇刊》中均有反映。

饮水思源，我们更加缅怀、追思天一阁的创始者、传承者、守护者、弘扬者。编辑出版《天一阁藏历代方志汇刊》，让藏书化身千百，广为传播，惠及社会，服务时代，这是对所有为天一阁四百多年来的保护和发展付出心血和智慧的前贤们的最好纪念，也是继承他们初心、传承文明的一种文化接力。

·编辑手记·

《中华传统文化百部经典》的编辑工作

于春媚

《中华传统文化百部经典》项目，是在中宣部支持指导下，由文化部委托国家图书馆组织实施的一项国家级重点文化工程。国家图书馆出版社是首期10部书稿的出版单位，在倍感荣幸的同时，也深知使命重大。

国家图书馆出版社是一家以出版历史文献专题影印图书为主，以书目文献、图书馆学及文史类著作为出版特色的专业古籍出版社。建社近40年来，出版各类古籍4万余种，在古籍影印出版方面独占鳌头；近年来民国文献的专题影印出版和数字化出版亦属业内一流，图书馆学专业出版排名第一。在古籍影印方面，我社出版有《中华再造善本》《永乐大典》《国立北平图书馆甲库善品丛书》等重要图书，但是在其它方面，仅有一些书目文献类图书，以及《老子绎读》等单品种图书有所称道，整体实力较为欠缺。因此，在《百部经典》这个项目设立之初，我社就抱以极大的关注，不断积极争取，希望这个项目能在我社出版，如能实施，我社必将举全社之力保质保量完成项目。

因此，在2017年4月正式接到这个任务时，我们马上做出一系列措施：首先，将《百部经典》项目列为我社年度“一号工程”，专门成立《中华传统文化百部经典》编辑室，配备2名专职编辑和2名专职校对，1名编务。编辑室由社长直接负责。其次，除专职编辑外，还为首批10部图书确定了6名责编。这8名责编都是正在担任编辑室主任和副主任或曾经担任编辑室主任的出版社中坚力量。第三，配备本社责编外，我们还组织了外编专家力量，约请中华书局、上海古籍出版社、凤凰出版集团、浙江古籍出版社等古籍出版社的优秀责编担任外审编辑，并邀请中华书局退休的资深编审许逸民先生担当外聘编辑组长。事实证明，本社责编与外编共同审稿这一举措，取得了很好的效果。在我们制定的编辑流程规范中，从来稿到印刷，书稿经过多次审校，从流程上确保了图书编校质量的上乘。这一编辑流程获得了编委会讨论一致通过。最后，我们特别重视这一国家级文化项目的装帧设计环节，从一开始就讨论延请国内书籍装帧设计的顶尖设计师参与设计，历经四次修稿，最终确定的封扉与版式庄重典雅、明朗大方，获得了中宣部和编委会的一致肯定。

项目首期 10 部图书的出版周期是非常紧张的。书稿是从 2017 年 5 月到 6 月陆续到来，要求 9 月底之前就要完成编辑工作，制成样书。虽然书稿是由大家耆宿担纲解读人、顾问和审定人，但是作为一个项目，每部书稿需要在整体体例上统一，更要在内容上做到精雕细琢。诸如版式设定、体例调整、引文核查、标点规范、字句琢磨、行文推敲、整体统筹等方面，责编和外编耗费了很多的精力和时间。责编建立每周定期开工作会，每周定期向国图和新闻出版广电总局相关领导和部门汇报的制度。除当面沟通，责编建立的通讯工作群经常展开讨论，在编辑工作最为吃紧的 7、8、9 月，工作群的讨论经常持续到深夜。我们出版社从社长到责编，对《百部经典》这个项目，都有一个共识，就是一定要把这个经典项目在出版上，也打造成“立得住”的经典之作。

《百部经典》首批十部图书，分别是《周易》《尚书》《诗经》《论语》《孟子》《老子》《庄子》《管子》《孙子兵法》和《史记》。这 10 部图书的编辑工作，主要分为内容和体例两大块。内容上，编辑首先对引文进行了充分的核查，在充分尊重作者注释的同时，还找到已出版的其他通用点校本进行核校。对导读和点评中的一些涉及未有定论的学术争论和值得商榷的说法进行修饰。在体例上，同为经典，但 10 部书形式各异。大部分书原典是全选，少量属于节选；有的书原典属于语录体，有的书属于长篇散文体，还有的书是诗歌体。在注释、点评的篇幅上，每位解读人也不尽相同。我们为了既注重丛书的一致性，又注重单部书的特点，对每部书的体例都做了细致的调整，最终呈现的图书版式疏朗大方，整洁美观。10 部书稿通过多次审校，图书编校质量得到了很大保证，也得到了编委会和解读人的一致肯定。

在 9 月底样书试制出来后，包括总编袁行霈先生在内的专家、学者及国图、文化部及中宣部的各位领导，都给予了高度肯定。同时，各位专家学者也都以严谨态度又对图书进行了审读。在此期间，我们的责编和外编也针对专家的意见以及自己再次审读发现的问题，对全部图书又进行了内容的修订。因此，到 11 月底大规模印刷面世的《百部经典》首期 10 部图书，确实是经过了千锤百炼的打磨。在进入印刷阶段时，我们遇到了前所未有的阻力。《百部经典》的印刷时间恰逢北京及周边印刷企业在安全、环保、整顿等多种因素作用下的大规模停产、减产时期，为保证工期和质量，我们辗转多家印厂，不断调配工作，计划进度，终于按时保质保量完成了图书的正式面世。

整个图书的编辑出版过程，充满了挑战和压力，也收获了成果和赞誉。我们出版方收获了很多经验，也得到了一些教训。这些都将成为丰厚的土壤，让我们有信心承担《百部经典》下一批图书的编辑出版工作。在图书的编辑出版过程中，我们由衷感谢中宣部的领导对我社的充分信任，由衷感谢我们的主管单位文化部以及我们的主办单位国家图书馆对我们的工作的大力支持和指导，由衷感谢《百部经典》办公室出色的协调组织工作，由衷感谢图书的顾问、编委会、解读人对我们编辑工作的支持和肯定，也由衷感谢我们的外编专家团队的鼎力协作，还要感谢媒体对项目的持续报道。需要感谢的各方人员很多，我们知道，《百部经典》是一个国家级的文化工程，据初步统计，参与《百部经典》工作的各方人员有 500 人左右。我们出版社作为出版方，也是其中的一环，并且是保证图书质量的最后一环。使命光荣而责任重大，我们承诺，一定全力配合进行《百部经典》首批图书的后续工作及以后各期图书的编辑出版工作，不负各方众望，让《百部经典》从立项到编纂直至出版，成为全流程的经典之作，让《百部经典》标榜当代，传之久远。

《中华传统文化百部经典·庄子》编辑手记

赵　源

2017年我有幸责编《中华传统文化百部经典·庄子》一书，经历数月的忐忑焦灼，现在即将重印，颇多感慨。

古之真人今之君子

（一）

感谢北京师范大学的蒋丽梅老师，她主要帮助陈鼓应先生整理和撰写本书，我在书稿审校过程中遇到的疑问，也仰仗蒋老师帮助核查解决。

从开始接到稿件一直到今天，翻看我和蒋老师的邮件往来记录，我请她帮助核查不下二十次，蒋老师对我提出的疑问从来都是快速回复、耐心解答，对编辑工作非常支持。

去年初印时，出版时间紧迫，有一次为了尽快反馈给我核查意见，蒋老师不顾十个小时的长途劳顿，晚上十点钟到家后，一直工作到次日凌晨三点。这令我无比感动。

（二）

感谢本书的特约编辑孙彦老师，孙老师是我社的资深编审专家，责编过许多重点图书，编辑经验丰富。这次有机会和孙老师同看一本书，通过直观地对比，使我很容易发现自己在哪些方面有欠缺。如果想在编辑工作中快速成长，就和高手同编一本书吧！

中华书局编审许逸民先生、我社廖生训总监和耿素丽老师也都帮助我审校了书稿，提出了很多宝贵意见，使我受益匪浅。

本书得以顺利出版，还要感谢很多人，各位领导和同事都给予了我许多帮助和支持，谨致谢意。

（三）

2017年3月3日上午，我第一次列席《百部经典》编委会，袁行霈先生主持会议；2017年9月14日下午，我到北京大学给陈鼓应先生送书稿，当面聆听先生教诲。

得见两位先生风采，我何其幸运！

袁先生地位显赫，年事已高，会前与小辈逐一交谈，谦和亲切。会上需要大家讨论，多提意见，他会准确说出某位与会者的名字，尊称为先生：请问您有什么高见？每当议题悬而未决，众人意见不一，需要他做决断时，他会谦称自己的说法为武断，然后再说出自己的主张。越是大师，越是虚怀若谷。

陈先生是享誉国际的道家文化学者，却丝毫没有架子，耐心地向我讲解《庄子》相关知识。比如先生讲到："其心忘""忘"是一种境界，就像你吃饭时不会注意到你的牙齿，走路时不会注意到脚。这种舒适的状态就是"忘"。

在与先生交流的一小时时间里，先生常说"对不起""您喝水"，还要关照我吃巧克力，临行时还让我给宝宝带上几块作为礼物。越是大家，越是谦和有礼。我想，这样的谦和有礼对先生来说也是"忘"吧。

两位先生都是令人敬仰的大家，却都平易近人，对他人体贴尊重。他们给别人的是发自心底的一片真心、爱心，不是虚伪的面具，不是怜悯的施舍。

总有那么一个人、一件事、一段话、一个细节给他人带来至关重要的影响，两位先生就是这样给千万人带来重要影响的人。

古有孔孟老庄，今有诸位先生。我们何其幸运！

徜徉其中若有所得

对我来说，2017年的工作大事记排在第一位的，就是责编《庄子》一书。正是有此机会，我得以窥见《庄子》浩瀚的思想世界之一角，反思体味，深有感触。

齐物之论

"天下莫大于秋豪之末，而大山为小；莫寿于殇子，而彭祖为夭。"世上的万物并没有是非对错、美丑高矮的绝对标准。《齐物论》关于万物平等的主张，我们现在依然受用。

有一位作家曾经讲过自己的经历。她自小个头矮小，从小学到高中，一直被同学嘲笑，她自卑压抑默默无闻；直到上了大学，读到《庄子》，豁然开朗，再也不纠结高矮胖瘦，勇敢投出第一篇稿子，从此开启了自己的写作之路。

鲁侯养鸟

《至乐》篇里讲了一则鲁侯养鸟的故事。从前有一只海鸟落在鲁国的郊外，鲁侯很喜欢，把它放进太庙里好酒好肉地招待，还派人给它演奏乐曲。结果呢，海鸟喝不下酒，吃不了肉，乐曲也让它不安，不到三天海鸟就死了。

鲁侯是喜欢这只鸟，但他不是以养鸟的方式来对待这只鸟，而是以对待人类的方式来养鸟。违背了鸟的自然生长规律，鸟怎么能活呢？

我们为人父母者对待孩子有时也会像鲁侯一样，我们按照自以为正确的方式来养育孩子：小时候，喂多少奶、吃多少饭都要定时定量；长大了，我们会语重心长、苦口婆心地向孩子灌输，引导孩子走向我们以为很正确的成长道路。

鲁侯养鸟，让我们重新审视对待孩子的教育方式，发人深省。

伯乐治马

伯乐说：我善治马。可是经过伯乐整治训练的马，死伤过半。做陶器的人说：我善做陶器，可以使圆者中规，方者中矩。木匠说：我善治木，使曲者中钩，直者应绳。可是土木的本性“岂欲中规矩钩绳哉”？世人却皆以为是，称赞伯乐、陶匠、木匠之功。

强加规矩，改变事物本性，这样的“善治”是不是善呢？

庖丁解牛

如今的图书市场上，个人成长类书籍很受欢迎。“刻意练习”“一万小时理论”，这些理论备受年轻读者的青睐。其实，两千多年前庄子就已经对“如何从新手变成大师”作了形象的说明。

庖丁解牛，游刃有余，十九年过去，宰杀数千头牛，刀刃“若新发于硎”。如何才能像庖丁这样“由技入道”？不仅需要长期的实践操作，持之以恒，关键还要凝聚心神，专心致志，如此，方能臻于化境，“何为而不得”！

大美不言

“天地有大美而不言，四时有明法而不议，万物有成理而不说。”真正的权威从来不会以言语相对抗，以声音来压制对方。

《凯叔讲西游记》最后一集，唐僧师徒四人到达雷音寺，面见佛祖，求取真经，本以为苦尽甘来，没成想佛祖的两位弟子却和唐僧要“人事”，唐僧认为传经哪有收钱之理，不肯给，结果真经变成了白纸。

后来，唐僧师徒再次来到佛祖面前，唐僧向佛祖讨公道：为何要收钱？面对唐僧的质疑，佛祖没有直接说理辩驳，而是讲了一个故事。

春秋时期，鲁国施行一道法令，如果鲁国人在外国见到同胞遭遇不幸，沦落为奴隶，只要能够把这些人救回来，就可以领取金钱奖励。孔子的学生子贡，很有钱，他把鲁国人从外国赎回来，但从不去领取奖励。

他自己觉得做了一件大好事，孔子却对他说：你做错了。你不去领取奖励，对你没有任何损失。可是因为你这样做，大家都不好意思领取奖励。很多人本身不富裕，从外国救人费力花钱，可是却没法领取补偿或奖励，这样一来，就没有人再去救自己遇难的同胞了。

听完故事，唐僧恍然大悟。自己德行高尚没关系，可是自己传经不收钱，就可能断绝其他人的传经之路。因为传经没有收入，生活也难以为继，恐怕再没有人传经了。

佛祖没有大发雷霆，没有“相拂以辞，相镇以声”，唐僧心服口服，甘心接受。

天真烂漫

庄子心地真淳，“天真烂漫”。他和惠子因为主张不同，时常辩论，惠子甚至还因担心庄子威胁他的相位全城搜捕，但是庄子依然把惠子作为自己的知音。惠子去世，庄子以“郢人斫垩”的故事怀念两人真挚的友情，慨叹知音不再。

反过来思考，更为难得。庄子把惠子作为知音，却秉持自己的理念，不附和，不盲从，两人依然辩论争锋。

我们往往习惯于因为一件小事不喜欢一个人，就把他划入黑名单；也会因为喜欢一个人而是其所是，非其所非。这与庄子的做法大相径庭。

自由率性

庄子贷粟于监河侯一段，每读之都令人拍案叫绝。

庄子家里贫穷，无米下锅，向监河侯借米。监河侯说：好的，等我收了税之后，就借给你三百金，你看可好？庄子对这冷血的监河侯说：我昨天在路上遇到一条鲫鱼，它对我说：我是东海的水官，你能给我一点水把我救活吗？我回答它：好的，等我游历吴越之地，引来西江的水来营救你，你看可好？鲫鱼说：我马上就要干死了，只要斗升的水就可以活命，你却这样说，不如到干鱼市场上来找我吧！

虽然文中没有写监河侯听到这段话的反应，依然能想象他被讽刺得面红耳赤无地自容的样子。

鼓盆而歌

庄子妻死，鼓盆而歌，别人不解，他却认为生死不过是气的聚散。"生本从无中来，死又向无处去。生死的变化，如同四季的更迭、大化的运行，是自然而然的事情。"

不羡慕彭祖长寿，不嫉妒泰山高耸，任尔东西南北风，我自安于自己的变化，安于世事的变化。这正是庄子教给我们的处世之道。

死神终将劫掠我们的一切，我们依然保持清醒，拥抱每一天的崭新世界。

《中华传统文化百部经典·史记》编辑手记

许海燕

2017年9月，《中华传统文化百部经典》首批十部全部出版。作为其中《史记》一书的编辑，回顾该书的出版过程，我感到既如释重负，又诚惶诚恐。在此与大家分享一下本书编辑出版过程中的点点滴滴。

一、强大的团队　坚实的基础

首先，作者张大可先生长期致力于《史记》一书的研究，是当今学术界研究《史记》首屈一指的学者，堪称国内《史记》研究领域的权威。

其次，由三位相关领域专家组成审订组，从专家角度对书稿进行审读；除此之外，我社还聘请外社审读专家，从编辑出版角度进行把关。强大的编撰、审读团队，为本书的顺利出版打下了坚实的基础。

二、艰辛的过程　共同的心血

初稿提交之后，审订组三位专家分别审读，并于4月中旬召开了《史记》一书的审稿会，就审读情况进行交流。会上，专家们充分肯定了书稿的质量，同时也提出了中肯的改进意见。张大可先生从善如流，根据审稿意见，大至全书结构、选篇，小至遣词造句、语言表述，反复修改、不断打磨。

7月初召开了《中华传统文化百部经典》首批图书审订出版工作会议。会上，与会专家就包括《史记》在内的首批十部书稿的编辑出版情况进行了充分的沟通和交流，并再次提出修改意见。

修改稿提交出版社之后，我与外社审稿专家立刻全力以赴投入本书的编辑出版工作，并随时就书稿问题进行交流。在这一过程中，由于有些问题拿不准，除了多次电话沟通，我还曾先后两次上门拜访张大可先生，向他请教。张先生尽管年事已高，健康状况也不是很好，仍然每次都热情地接待我，不厌其烦、旁征博引地解答我的每一个问题，并找出大量参考文献，对有疑问的地方逐条进行核实、确认，令我十分感动。

三、大家写小书　经典永流传

最终呈现在大家面前的《史记》是一部普及型的选编本，以中华书局点校本修订本为底本，选文二十八篇，五体皆备：计本纪选读五篇、十表序选读四篇；八书选读一篇，以见司马迁专题之长；世家选读四篇、列传选读十四篇，代表《史记》所载各种事件和人物典型形象。附录一篇：《报任安书》，本篇与《太史公自序》为表里之文，可以视为司马迁自传的一部分。全书合计二十九篇。五体分为五部分，每体有一简略说明，介绍《史记》五体结构的义例。选文解读分为注释、旁批、段意、点评四项内容。这样，本书可以说浓缩了《史记》的精华，力求反映《史记》的风采，并体现时代精神。

作为“史家之绝唱，无韵之《离骚》”，《史记》无疑已经有很多个解读版本；但是，这并不妨碍张大可先生的解读有自己独特的价值。经典需要不断被解读，我们有理由相信，凭借深厚的学问素养，张大可先生的解读体现了这个时代的学者对《史记》的理解。

每一本图书的出版都凝聚了整个团队的共同心血，优秀的作品值得反复推敲、不断打磨。这本书为我的编辑生涯增加了宝贵的经历，也希望能得到大家的喜爱。

可敬的孟子

——略谈编辑《中华传统文化百部经典·孟子》的体会

王　雷

乳白色精装的《中华传统文化百部经典·孟子》拿到手里，作为责编，忍不住心中小小的激动。这套丛书一共一百种，2017 年首批十本完成了编辑出版。《孟子》是其中之一。本书解读者是中国人民大学国学院副院长梁涛教授。

从收到书稿进入紧张的编辑加工环节，一直到 2017 年岁末出版面世，2000 年前的孟子似乎已经从字里行间中走入我们的生活，那么生动亲切，那么威严质朴。

梁涛老师对孟子的解读包括了导读、原典、注释、点评四部分。在导读中，梁涛老师分别介绍了孟子的生平事迹、孟子的思想学说、《孟子》的地位及影响、《孟子》的注疏及版本。全书 36 万字，详尽的注释、深刻的段落点评、随处可见的画龙点睛式的眉批评，可以说，经过梁涛老师的解读，孟子的形象已经十分丰满。在帮助梁涛老师修改书稿的过程中，我作为责编，一次又一次地接触孟子、认识孟子、了解孟子。孟子的形象在我心中逐渐由模糊变得具体、从平面走向立体，抖落 2000 多年的岁月风尘，就那么高大威严地矗立在了我的面前。感谢作者梁涛老师的解读，让我有机会认识孟子、敬仰孟子、学习孟子。

一、一个固执地倡导仁政的孟子

孟子（约前 372—前 289）离开我们 2000 多年了。但从书中，我们首先看到一个执着地倡导仁政的孟子。孟子劝导齐宣王实行仁政，齐宣王却找理由推脱："寡人有疾，寡人好货。""寡人有疾，寡人好色。"孟子则毫不放松，列举了公刘好货但能与百姓同之和古公亶父好色但能与百姓同之的例子，特别是古公亶父："昔者太王好色，爱厥妃。《诗》云：'古公亶父，来朝走马，率西水浒，至于岐下，爰及姜女，聿来胥宇。'当是时也，内无怨女，外无旷夫。王如好色，与百姓同之，于王何有？”孟子意在说明君主只要推好货之心、好色之心与百姓同之，让老百姓家有余粮，手有钱财，男女成家立业，过上幸福美满的生活，那么称王天下还会有什么困难呢？

正是由于孟子坚持不懈地倡导仁政，而他生活的战国时代，各个国家都在互相征战，争夺土地人口，故孟子被统治者讥讽为“迂远而阔于事情”。

孟子提倡仁政王道，所以他对以力服人的霸道深恶痛绝。孟子引述了《论语》相关论述：“求也为季氏宰，无能改于其德，而赋粟倍他日。孔子曰：‘求非我徒也，小子鸣鼓而攻之可也。’”由此观之，君不行仁政而富之，皆弃于孔子者，况于为之强战？争地以战，杀人盈野，争城以战，杀人盈城，此所谓率土地而食人肉，罪不容于死。故善战者服上刑，连诸侯者次之，辟草莱、任土地者次之。这种争地争城的侵略战争，在孟子看来无异于率土地而食人肉，罪不容于死。

二、一个提倡气节的孟子

《孟子》一书中很有名的一段论述是探讨何为大丈夫。景春对孟子说：“公孙衍、张仪岂不诚大丈夫哉？一怒而诸侯惧，安居而天下熄。”孟子斩钉截铁地回答他：“是焉得为大丈夫乎？子未学礼乎？丈夫之冠也，父命之；女子之嫁也，母命之，往送之门，戒之曰：‘往之女家，必敬必戒，无违夫子！’以顺为正者，妾妇之道也。居天下之广居，立天下之正位，行天下之大道。得志，与民由之；不得志，独行其道。富贵不能淫，贫贱不能移，威武不能屈，此之谓大丈夫。”在当时人们眼中炙手可热的纵横家公孙衍和张仪，在孟子眼中只不过是看人眼色行事的小媳妇而已。孟子认为真正的大丈夫是富贵不能淫、贫贱不能移、威武不能屈具有铮铮铁骨与高尚气节的人。

孟子还说：“说大人，则藐之，勿视其巍巍然。堂高数仞，榱题数尺，我得志，弗为也。食前方丈，侍妾数百人，我得志，弗为也。般乐饮酒，驱骋田猎，后车千乘，我得志，弗为也。在彼者，皆我所不为也；在我者，皆古之制也，吾何畏彼哉？”

三、一个视民心民意高于一切的孟子

孟子认为夏桀、商纣丢掉天下的根本原因在于失去民心。他说：“桀、纣之失天下也，失其民也；失其民者，失其心也。得天下有道：得其民，斯得天下矣；得其民有道：得其心，斯得民矣。得其心有道：所欲与之聚之，所恶勿施尔也。民之归仁也，犹水之就下、兽之走圹也。故为渊驱鱼者，獭也；为丛驱爵者，鹯也；为汤、武驱民者，桀与纣也。今天下之君有好仁者，则诸侯皆为之驱矣。”梁涛老师在这里写的旁批是：得民心者得天下，顺民意者得民心。可谓画龙点睛。

同样，一个不能为老百姓真诚服务的统治者，在孟子看来，就应该罢免。孟子曾经给齐宣王讲过一个故事：“王之臣有托其妻子于其友而之楚游者，比其反也，则冻馁其妻子，则如之何？”齐宣王说：“弃之。”孟子又问：“士师不能治士，则如之何？”齐宣王说：“已之。”孟子继续追问：“四境之内不治，则如之何？”步步紧逼，最后齐宣王理屈词穷，只好“顾左右而言他”。

孟子说：“民为贵，社稷次之，君为轻。是故得乎丘民而为天子，得乎天子为诸侯，得乎诸侯为大夫。诸侯危社稷，则变置。牺牲既成，粢盛既洁，祭祀以时，然而旱干水溢，则变置社稷。”

由于孟子这些鲜明的思想主张，千载之后，明代开国暴君朱元璋都恨不能杀之而后快。

四、一个始终提倡孝道的孟子

孟子直截了当地说：“道在迩而求诸远，事在易而求诸难；人人亲其亲，长其长，而天下平。”孟子的意思是只要人人孝敬自己的父母，尊重自己的长辈，那么天下就太平了。

孟子特别推崇大舜的孝顺。大舜的父亲爱后妻的儿子象，多次密谋杀舜。舜却始终如一地爱着自己的父亲、后母和同父异母的弟弟。他觉得得到天下根本不能同得到父母的亲情相比。“天下大悦而将归己，视天下悦而归己，犹草芥也，惟舜为然。不得乎亲，不可以为人；不顺乎亲，不可以为子。舜尽事亲之道而瞽瞍厎豫，瞽瞍厎豫而天下化，瞽瞍厎豫而天下之为父子者定。此之谓大孝。”厎豫即快乐。

五、一个对不择手段追求富贵深恶痛绝的孟子

孟子讲了一个故事：齐人有一妻一妾而处室者，其良人出，则必餍酒肉而后反。其妻问所与饮食者，则尽富贵也。其妻告其妾曰：“良人出，

则必餍酒肉而后反；问其与饮食者，尽富贵也，而未尝有显者来，吾将瞯良人之所之也。”蚤起，施从良人之所之，遍国中无与立谈者。卒之东郭墦间，之祭者，乞其余；不足，又顾而之他，此其为餍足之道也。其妻归，告其妾，曰：“良人者，所仰望而终身也，今若此！”与其妾讪其良人，而相泣于中庭。而良人未之知也，施施从外来，骄其妻妾。

最后孟子入木三分地评论说：“由君子观之，则人之所以求富贵利达者，其妻妾不羞也，而不相泣者几希矣。”意思是，在正人君子看来，人们用来追求升官发财的手段，能使他们的妻妾不感到丢脸并相拥哭泣的，实在是少啊。

六、一个惹人争议的孟子

孟子说过“不孝有三无后为大”，这个观念框住了从古至今多少人。那么“不孝有三无后为大”到底应该如何解读？孟子专门举了大舜不告而娶的故事，说明有后代是对父母最大的孝顺。到底什么是不孝？没有后代就是最大的不孝吗？孟子原话是怎么讲的呢？《孟子·离娄章句下》说：“世俗所谓不孝者五：惰其四支，不顾父母之养，一不孝也；博弈好饮酒，不顾父母之养，二不孝也；好货财，私妻子，不顾父母之养，三不孝也；从耳目之欲，以为父母戮，四不孝也；好勇斗狠，以危父母，五不孝也。”显然，孟子本义并没有说没有生育后代就是大不孝。但到了东汉，赵岐对《孟子》进行解读，赵岐在注《孟子》时说：“于礼有不孝者三事，谓阿意曲从，陷亲不义，一不孝也；家穷亲老，不为禄仕，二不孝也；不娶无子，绝先祖祀，三不孝也。三者之中，无后为大。”他把“不孝有三”定义为了三种，可见他并没有理解孟子的五不孝，就断章取义把“无后为大”解释为“没有后代”。他这样做的目的，很有可能是迎合了当时的政治环境，故意曲解了《孟子》的含义。

《中华传统文化百部经典·孙子兵法》编辑手记

耿素丽

2017年国家社会科学基金重大委托项目、“十三五”国家重点图书出版规划项目《中华优秀传统文化百部经典》首批十种图书于2017年10月由国家图书馆出版社出版。本项目是一项重大文化工程，由中宣部等部门指导，国家图书馆组织实施。采取导读、原典、注释、点评相结合的编纂体例，以寻求优秀传统文化与社会主义核心价值观之间的深度契合点为主旨。

首批十种书均为先秦时期经典著作。它们是《孙子兵法》《孟子》《庄子》《尚书》《论语》《史记》《周易》《诗经》《管子》《老子》。其中，《孙子兵法》是唯一一部兵学著作，被尊奉为“百世兵家之师”。

作为《孙子兵法》的责任编辑，编辑出版本书的过程，是一个难得的学习、提高的机会。在那段难忘的日子里，我得到了《百部经典》编委会各位老师的悉心指导，解读者黄朴民教授于百忙之中答疑解惑，外聘编辑凤凰出版社林日波先生放弃休息时间认真审稿。因此，《孙子兵法》的出版，凝聚着集体的心血。

为加强《百部经典》的阅读推广，本人拟就编校过程中对《孙子兵法》的认识做一阐述，冀有助于读者阅读，并对我们今后的工作有所促进。

《孙子兵法》自问世以来即备受关注，历朝历代对其笺注、校释者甚多，如（汉）曹操等注《十一家注孙子》、（明）刘寅《武经七书直解》等。当代影响较大的有吴嵩如《孙子兵法新论》、李零《兵以诈立：我读〈孙子〉》等。这些文献从不同角度丰富了《孙子兵法》研究体系，拓宽了中国古代军事史研究领域。在此基础上，黄朴民教授解读《孙子兵法》在思想性、通俗性、现实性三个方面有所突破。

一、思想性

宋代郑友贤在《十家注孙子遗说并序》中指出："武之为法也，包四种，笼百家，以奇正相生为变。是以谋者见之谓之谋，巧者见之谓之巧，三军由之而莫能知之。"参之本书，可知郑氏之论洵非虚言。《孙子兵法》内涵丰富，几乎包举了军事学上的各个领域，是孙子军事思想的集大成之作。孙子的军事思想可分为战争观、制胜之道、治军思想等类别，各类别又可细分为若干小类。举凡古代战争涉及的方方面面在《孙子兵法》十三篇中均有涉及。由于黄朴民教授对中国思想史、中国军事史有着长期、深入的研究，因此，对孙子军事思想的阐释往往一语中的，高屋建瓴。

如在《计篇》开篇有关孙子"慎战"思想的论述旁加批语："在孙子看来，战争既然是这样一件关系着国家存亡、人民生死、统治安危的头等大事，那么用慎重的态度去对待它不仅合理，而且必须。"(第39页)

关于"兵非益多"的思想，黄先生在点评中说："孙子的'兵非益多'思想，同时也是精兵决胜、多谋制敌作战指导原则的具体体现。孙子认为用兵打仗，绝非是简单的兵力投入和使用，不像一加一等于二那么单纯，所以不能以兵力的多少来衡量和展望战争胜负的前景，关键要看作战指挥是不是高明卓越……"(第241页)

二、通俗性

《百部经典》力求深入浅出、明白晓畅地介绍古代经典，要求将典籍的学术性与普及性相结合。在这方面，《孙子兵法》主要体现在：

1. 语言

众所周知，由于距今时代久远，先秦典籍普遍让人感到晦涩难懂，难以卒读。黄朴民教授的解读不但通俗易懂、明白晓畅，且文字优美、妙语横生，似行云流水一气呵成，又像绵绵春雨润物无声。试举以下数例：

> 如同一首律诗有它的"诗眼"、一首乐曲有它的主题旋律，一部理论著作自然也有它的中心篇章，在全书中起着提纲挈领、总揽全局的关键作用。《计篇》作为《孙子兵法》十三篇的篇首，也具有这样的特殊地位，在某种意义上可以看作是孙子杰出兵学思想的高度浓缩和精辟概括。(第40页)

奇谋妙策，龙韬虎略，数千年来都是无数军事理论家构筑其兵学理论体系时最为倾心的命题，也是响彻刀光剑影战争舞台的嘹亮的主旋律。它们的核心含义只有一个：谋略胜敌，以最小的代价换取最辉煌的胜利。这是中国古典军事理论最明快、最深沉的主题，反映在战争图卷上，就是“上兵伐谋”的胜利实践贯穿于始终！(第81页)

俗话说“双拳不敌四手”。在体力、功夫等其他条件相差无几的情况下，一个壮汉同时与两三个甚至更多的壮汉开打，往往要吃亏，不免头破血流、鼻青脸肿，这是一般常识。(第158页)

2. 文字

先秦典籍中多音字、疑难字较多，《孙子兵法》也是如此。为方便阅读，本书中凡遇多音字、疑难字均加注汉语拼音，如：

皕（bì）宋楼（第5页）；

注［1］将听吾计：将，助动词，读作 jiāng，表示假设，意谓假如、如果。《左转》昭公二十七年：“令尹将必来辱，为惠已甚。”……又一说，“将”在这里当作名词解，读作 jiàng，即将领……（第47页）；

曹刿（guì）（第151页）。

书中凡古地名均括注今地名，如

赫图阿拉（今辽宁新宾老城）（第171页）；

河曲（今山西永济）（第236页）；

柯地（今山东东阿）（第279页）。

对于行文中涉及的古代汉语知识，亦作简要说明，如

上午（从辰时一直到午时）（第237页）。

三、现实性

《中华优秀传统文化百部经典》以“激活经典，熔古铸今”为主旨，努力践行“让书写在古籍里的文字活起来”，使优秀传统文化贴近现代生活。在这方面，《孙子兵法》做了有益尝试，举例如下：

直到今天，《孙子兵法》的许多合理内核仍然闪烁着真理的光芒，对现代军事理论的建设和发展，具有重大的借鉴意义。与此同时，《孙子兵法》的基本原则和思想方法，还渗透到军事以外的社会生活领域，在商业竞争、企业管理、体育竞争、外交谈

判等活动中，早已得到广泛的重视和应用。从这个意义上说，《孙子兵法》已超越时空的界限而具有永恒的魅力。(第1页)

近些年来，国际战略大格局又发生了重大的变化。然而，大国之间为争夺世界战略衢地的较量仍在延续，看不出有停止的任何迹象。这一现实表明，孙子有关“兵要地理”问题的论述，其价值依然存在，其启迪依然可贵。(第273页)

在军事科技迅猛发展的今天，人的因素在战争中的地位和作用并没有丝毫的减弱。因此，正确运用军事心理学理论管理部队、指导战争依然是一个重要的课题。美军是目前世界上武器装备最为先进的军队，可它却非常重视掌握、运用军事心理学理论，积极摸索利用人的心理因素以达到克敌制胜目的的途径。(第287—288页)

以上，是我在编辑出版黄朴民教授解读的《孙子兵法》过程中的一些体会。通过这段难得的工作经历，我深深地认识到传统文化在当今社会所蕴含的巨大价值。弘扬传统文化，是我们出版人义不容辞的责任，也是我们出版《百部经典》的意义所在。如此，方能做到不负祖先，善待来者。

向作者的工匠精神致敬
——略谈《中华传统文化百部经典·孟子》一书编辑出版

王　雷

2017年岁末，《中华传统文化百部经典》首批十本图书面世。如果说每本书的出版都会有一些故事的话，那么这套书的出版背后却有着太多的故事。我作为《孟子》一书的责编，"百感交集"正可形容此刻的心情。这本书的解读者是中国人民大学国学院副院长、博士生导师梁涛教授。

一、丛书编纂缘起与总体要求

早在2014年，国家图书馆即根据中宣部的要求，策划了《中华传统文化百部经典》编纂项目，2014年年底，经过文化部向中宣部报送了项目方案。之后成立了专门的《百部经典》办公室，拟定项目书目，启动样书编纂，多次召开《百部经典》座谈会、编纂工作汇报会、编委会等，进行书目遴选、撰稿与审定等细致的工作。国家图书馆出版社专门成立《百部经典》编辑室，制定编审工作规程、从各个编辑室抽调骨干编辑担任责编等。

丛书阵容担得起"豪华"二字。顾问包括：饶宗颐、冯其庸、叶嘉莹、章开阮、张岂之、刘家和、乌丙安、程毅中、陈先达、汝信、李学勤、钱逊、王蒙、楼宇烈、陈鼓应、董光璧、王宁、李致忠、杜维明。编委会主任委员是中央文史馆馆长、北京大学国学院院长袁行霈先生，副主任委员是中国国家图书馆馆长韩永进先生。编委包括：瞿林东、许逸民、陈祖武、郭齐勇、田青、陈来、洪修平、王能宪、万俊人、廖可斌、张志清、梁涛、李四龙。

本套丛书编纂宗旨可以概括为八个字：激活经典，熔铸古今。对每部典籍，均设"导读""注释""点评"三个栏目加以诠释。"导读"居一书之首，主要介绍作者生平、成书过程、主要内容、历史地位、时代价值。

“注释”解释字词、注明难字读音，串讲句子大意，务求简明扼要。“点评”包括篇末评和旁批两种形式，撮述要旨，画龙点睛。

为了保证出版质量，编委会还专门为每本书配备了二至三人组成的审订组。作者交稿后，首先审订组审读。作者根据审订组意见做修改。出版社专门为每部书稿配备了一名责任编辑和一名特约编辑。特约编辑一般是资深编审。对于初审后基本达到齐清定的书稿，许逸民先生还要审读并提出意见，然后才是社内三审。印前，袁行霈先生还要审查毛样书。过完这全部流程，一本书才能进入印制阶段。

二、《孟子》一书编辑加工处处体现工匠精神

所谓工匠精神，包括了敬业、专业、一丝不苟、追求完美等内涵。《孟子》一书的编辑加工从作者、专家、编辑各个层面上都体现了工匠精神。

（一）审订组对书稿高标准严要求

审订组为《孟子》一书配备的审订专家是钱逊、李存山、廖可斌三位先生。审订组组长钱逊先生提出了很多意见：导读第一部分“孟子其人”第二点“士的自觉”，钱先生认为，此节专谈士，不及孟子其人，可删。关于孟子的思想学术，钱先生建议着重讲孟子思想的影响：（1）对儒学发展的贡献和影响；（2）对后世中国人精神品格、中华民族精神的影响。不能限于《孟子》一书和孟子其人的地位，重要的是孟子思想对中华文化和历史的影响和意义。钱先生又说，孟子人性学说不可限于谈性善一点。此点与反对生之为性、明人禽之辨二者宜作为孟子思想精粹加以阐述。说孟子是“人民代言人”拔高了孟子；注释部分引用古注有点多，应该更通俗一点；建议眉批评更加精简；压缩历史上一些人对孟子批评与质疑的声音，加强正面解读。廖可斌老师建议导读部分谈及性善论的意义一段，“其性善论又具有宗教性的功能与作用”这句话最好不提，免得岔开。关于导读部分述及的仁政与王道，廖老师认为，行仁政首先要有仁心，这是一层；行仁政还要有具体措施，这是另一层。应明确分段，分层论述。针对眉批评，廖老师的意见是，点评文字，应通俗易懂。他还建议有些地方增加串讲和注释。他还专门替梁老师补了一些注，比如“清斯濯缨、浊斯濯足、自取之也”这句，廖老师专门写了个注释：“孔子的意思是说，水清，人们就拿来洗帽带，水浊，人们就拿来洗脚。别人如何对待你，都是由你本身的状况决定。”梁涛老师根据审订组意见删减了大量古注，包括

赵岐的注、朱熹的注等等。并将“人民代言人”的说法改成了“民众代言人”。眉批评精简后更加精彩。

（二）责任编辑与特约编辑对书稿加工一丝不苟

2017年7月本书发排。为慎重起见，作者选择的底本是清代阮元的《十三经注疏》。作为责任编辑，首先就是核对原文。对照《十三经注疏》中的《孟子注疏》逐字逐句进行核对，保证文字绝对不能有错，而标点则根据个人理解不同进行不同的点断；由于《十三经注疏》是竖排繁体，本书引用原典过程中，保留了不少繁体字和异体字。经与作者梁涛老师沟通，适应本套丛书简体字版总要求，繁体字改为简体字，而对异体字则做了保留，力求原汁原味。例如“邹与鲁哄”，梁老师坚持用“鬨”字而不改为“哄”字。

由于书稿引文非常多，责编专门核对过整本书中双引号、单引号用法，就句号在引号里还是在引号外的问题，也专门核对了全部书稿。由于古今地名变化较大，特别是近年来国家撤县建市力度很大，地名变动较多，这些都需要上网核实。责编还在作者指导下，帮助作者重排了47种主要参考文献顺序，每本书都查了作者生卒年以及著作方式等情况。先分类，后按年代排序，眉目比较清晰。

经验丰富的特约编辑孙彦编审对于导读中引用的《孟子》原文，逐句查证了具体出处，确保无误。逐字逐句核对引文，纠正了原稿录入中的错误。特别是针对导读中大段引用原文，专门与正文中原典对照，保证文字和标准符号完全一致。还就全书注释格式统一问题，提出意见。特别是对于注释中的古代作者，一一括注朝代。对于原典分段问题，也提出个人看法。如注释中，“薛，国名”，孙老师细心加上了“古”字，变成“薛，古国名”。“郱，地名”，改为了“郱，古地名”。“奄，国名”，改为了“奄，古国名”。另外对于意思浅显的句子，孙老师建议不出注释。一些不常见的词语，如饔飧，孙老师建议加上拼音 yōng sūn。孙老师非常注意引文出处，一定要作者查证版本、年代。

（三）作者对书稿不断打磨，精益求精

从7月发排至10月见到毛样书，梁涛老师打磨书稿用力之多、修改之勤，令人感动。

梁老师是个大忙人，但是对这部书稿确实是下了大工夫。全部书稿他自己看过两遍。样书又看过一遍。成稿以后不断修改。特别是3.2章点评的第六点“知言”，删掉重写。第七点“赞美孔子”补充强调孟子推崇孔

子主要在于两点，一是孔子在得天下上能够坚守仁道原则，二是孔子在出仕上能够坚守义的原则。梁老师对6. 5章、7. 7章和9. 4章的点评改的很细。比如，7. 7章有一句注释：“谁能执热，逝不以濯”，原来注释是“谁能手持热物，而不先用冷水洗手”，改为了“谁能手拿热物，而不先用冷水冲手”。两字之改，意思表达更清楚了。9. 4章点评部分增加了一段论述孟子对于禅让的看法，梁老师认为，孟子对尧舜关系的说明，显得曲折婉转，更多反映的是他对禅让问题的谨慎和保守，而这又与他亲眼看到燕王哙让国失败有关。

到了本书四校阶段，责编重点检查了眉批评文字及出处，以及注释序号，力求准确无误。提醒作者几处眉批评文字不妥，建议修改。如，“劝宣王知大勇而非小勇”，责编根据原典，建议改为“劝宣王好大勇而非小勇”。“仁、义、礼、智、乐，其实皆事亲、从兄也”这句，责编按照7. 27章原典顺序，建议作者调整为“仁、义、智、礼、乐”。

特约编审注意到眉批评多处用的是《赵岐注》，究竟是用《赵岐注》还是《赵岐章句》？传统上一般是用《赵岐章句》，梁老师最后决定将《赵岐注》改为《章句》。国庆节前，最早的毛样书印出来，梁老师又发现一些不太妥当的地方，就在9月30日、10月2日、10月6日、10月8日又拍照发给我，主要是对该书10. 8章某些文字叙述感到不满意。10月12日，改了一处眉批评：“以德役使，以力强迫”改为“天下有道，以德役使。天下无道，以力强迫”。之后，责编发现眉批评中“前途倒戈”似应为“前徒倒戈”之误，另外关于於陵子仲的一段文字和出处也不太准确，请其核实。10月17日，梁老师又改了一处眉批评，“人待我横逆，反求诸己”加一个则字，变成“人待我横逆，则反求诸己”。此类修改，不胜枚举。二校时，梁老师还对每一个眉批评具体放置位置，在哪一段哪一行做了详细标注。

三、专家学者提出修改意见

一本书的出版，凝聚了太多人的心血。许逸民先生看到导读中“挑战孟子的地位”一句，建议改为“挑战《孟子》的历史地位”；针对《孟子》导读中多处提到的“性”字，建议改为“人性”，以免读者误解。又提出，书中提到《诗经》，建议改为《诗》，因“十三经”中称《毛诗》，不称《诗经》。许先生看得很细，将“今属厦门”改为了“今属福建”，将“学官教科书”改为了“官方教科书”，将“尤对《周易》《论语》《孟子》三书有精深研究”改为了“对《周易》《论语》《孟子》三书尤有精深研究”。陈祖武先生看到毛样书之后，认为文后主要参考文献中钱穆先生《先秦诸子系年考辨》(商务印书馆 1935 年版) 不常见，梁涛老师因此改为了中华书局 1985 年版的《先秦诸子系年》。袁先生利用国庆放假期间审看了《孟子》样书，挑出了几处小毛病。

作为本书责编，有机会向这么多专家学者学习，深感荣幸。值此首批图书出版之际，记录下编辑加工的艰辛历程以及各位专家学者的审读意见，以做我继续前行的鞭策，并向各位专家学者特别是本书作者在修改加工书稿过程中的工匠精神表达我深深的敬意!

通达晓畅，严谨审慎
——编辑《中华传统文化百部经典·周易》有感

王亚宏

说起《周易》，大家都知道它在中国文化史上占有重要地位，被尊为群经之首，六艺之原，在哲学、政治、伦理等方面都有着至深且巨的影响，几乎可以说是中国文化之根。所以，《中华传统文化百部经典》的出版工作，《周易》被放在首批出版的十部著作当中。

很有幸，我接到了《中华传统文化百部经典·周易》书稿的编辑工作，但我又很忐忑，因为对于一个自打开始学习《周易》时便头疼的人来说，这实在是一个非常巨大的挑战。我十分担心，就我对《周易》了解的皮毛，不要说编辑这部书稿，怕是读懂这部书稿都十分困难。自大学时期接触《周易》，所学都是易学经典之作，读起来艰深晦涩，佶屈聱牙，每次上课都感觉耗费了无数脑细胞，但却所学平平。

带着忐忑难安的心情，我开启了看稿之旅。看了几篇之后，突然发现进度出乎意料地顺畅，也没有出现原先预想的头疼欲裂的状况，反而吸引着我读下去。这或许就是达到了余敦康先生写作这部书的目的："在于适应现代人的需求，把艰深晦涩的《周易》变为一般读者就能读懂的书，使易学智慧成为普通人能掌握的精神财富。"（见"导读"）

就我的认识而言，为了让《周易》变成人人都能读得懂得书，余先生在解读方面至少做了三方面的努力：

其一，在"导读"中，作者向大家介绍《周易》的基本知识。首先对《周易》的性质及作者的介绍，对《易经》《易传》《周易》及易学几个概念的解释，对《周易》象数符号、文字系统的概述，对卦爻结构及分析原理的说明，让读者在开始阅读《周易》本文之前，先了解了基本知识，不至于在今后的阅读中有太多的困难。此外，余先生还对易学思维的特点、易学的历史发展脉络及主要思想流派、《周易》的思想精髓与核心价值及其在中国文化中的特殊功能等方面都进行了较为简洁且系统的阐释，给了大家了解《周易》的入门钥匙。

其二，作者以通俗易懂的语言对文本进行注释和点评。按照丛书的统一体例，作者在每一条卦辞、爻辞及相应的传文下面对其中较难理解的字词进行了注释，并在点评中，串讲元典大意及要旨。与绝大多数的译注本不同，这部书里没有过多地引用其他易学著作的解释，也没有滥用学术术语，而是以现代人容易理解的平易通俗的语言娓娓道来，追求的是一种平实质朴、通达晓畅的语言风格，这与现代人的阅读口味是一致的。但是，它又不同于牵强附会、生搬硬套的白话文本，凡字皆有出处，而又外化于无形，在作者深厚学养积淀下的，是他化深奥为通俗、化繁复为简单的神奇功力，唯有这样，普通读者才能接受和理解。如，对《坤》卦爻辞六四“括囊，无誉无咎”的解释：“扎紧口袋，没有灾祸也没有荣誉。括，收束，囊，口袋。括囊，即束紧口袋，防止口袋里的东西倒出来。”对词句的本意解释完之后，作者接着对此句的大意做了进一步说明：“这里比喻人缄口不言，行为谨慎，韬光养晦，不露锋芒。这种处世之道，虽无称誉，也无咎害。”解释通俗易懂，而又准确凝练。

其三，作者以现代人的视角对《周易》进行解读，更适宜于现代人的学习。不仅在语言的运用上，作者做到了通俗易懂，明白晓畅，适合现代人阅读，对于经典的阐释，作者也力从现代的科学、社会、人事、思维方式等等各方面进行阐释，使之与现代生活产生对接。如在《比》卦中，作者从《周易》乾坤并建的哲学原理出发，讨论亲比之道，从明确价值取向、规定道德准则等方面，很好地阐释了人类社会如何才能构建一个和谐有序的共同体，对于我们当今和谐社会的构建是极具启发意义的。

除了能够让普通读者读得懂，这部书也值得研究学者使用。即使在他们手中，这部书也是经得起推敲的。无论在原典的选择上，还是对经典的释读上，这部著作都能够做到严谨审慎，有理有据。首先，这部书对原典的选择，采用了《四部丛刊》初编初印本魏王弼、晋韩康伯注《周易》附《周易略例》，其底本是民国时期上海涵芬楼藏宋刊本，是现存最早的王弼注《周易》版本之一。其次，在对经典词句的解释上，作者言之有据，拒绝牵强附会。如对《复》卦爻辞“初九”中“无祇悔”的解释，作者认为是“不至于后悔”。其他很多注释《周易》的书中，认为此句的意思是“没有大的灾祸”。而为什么会有这样的解释呢？在旁批中，作者给出了答案。因为在朱熹《周易本义》和程颐的《周易程氏传》中，二者都认为“祇”是“抵”的意思，意为“至、到达”，作者认为此二者的解释更为合理，才选择了“不至于后悔”这样的解释。

说了这么多，想必大家也看累了。总之，余敦康先生这部对《周易》的解读著作，既易读易懂，晓畅通达，又严谨审慎，深入浅出，是一部出色的解《易》读物，更是适合我们普通读者学习《周易》的著作。

话不多说，让我们一起阅读经典，阅读《周易》吧！

·出版动态·

国家图书馆出版社历史地理类文献出版的探索与实践

隋　阳

历史地理类文献在历史研究中起着不可替代的重要作用，历来受到研究者的高度重视。通过对其整理出版，使更多稀见、分散、杂乱的文献能够系统化、专门化、便利化地呈现在专家学者面前，推动相关研究的发展。为了能够进一步做好历史地理类文献的整理出版工作，下面我将通过对国家图书馆出版社在历史地理类文献出版方面的探索与实践进行归纳和总结，并提出自己的一点思考。

国家图书馆出版社（以下简称国图社）是致力于大规模整理影印各藏书机构珍稀历史文献的专业出版机构，近四十年的时间里，共计整理出版各种丛书两千多种，涉及古籍和民国时期历史文献五万余种。以《中华再造善本》《国家图书馆藏敦煌遗书》《永乐大典》“著名图书馆藏稀见方志丛刊”《中国古籍珍本丛刊》《原国立北平图书馆甲库善本丛书》等为代表的一批大型历史文献丛书，都获得了学术界、图书馆界的广泛关注和好评，跻身一级出版社、全国百佳出版单位。可以说，数十年坚持以历史文献整理影印为主要出版方向，成就了专业品牌，让一家小规模出版社成为全国知名的权威出版机构。

国图社的历史文献出版，以专题丛书为主，紧密贴合学术研究的需要、积极配合学术研究发展的趋势和动态。根据学术研究的内在理论主要形成了八大系列专题出版，即：人物传记、史籍史料、书目版本、方志地理、金石文献、文学艺术、哲学宗教、综合文献。其中“人物传记”“方志地理”“文学艺术”在八大类专题中所占比重最大，方志地理类分量尤重。截至2017年底，已经出版的方志类文献达到了二百多种丛书，涉及四千多种文献，如果把概念扩充到“历史地理”这个层面就更多了。简要介绍如下：

一、方志类图书出版概述

1. 稀见方志

作为中华民族文化宝库的重要组成部分，方志保存了大量珍贵的、翔实可信的历史资料，不但为我们研究各地的历史、地理、物产资源、风土人情、自然灾害等提供了很多宝贵的材料，而且其间蕴藏着许多史书不曾记载的重要史料。《中国地方志联合目录》统计，我国现存方志多达八千二百余种，十余万卷，几乎占中国古籍总量的二十分之一。实际上这个统计并不完整，实数在一万一千种左右。虽然有《中国方志丛书》《中国地方志集成》等大型方志丛刊的编纂出版，但或年代较早或编例所限，长期以来一直分散收藏在全国各地图书馆之中的稀见方志，尤其许多抄本和稿本，大都仍“深藏闺中”，难为学者研究使用。

为了进一步挖掘方志资源，使这些珍稀馆藏得以整理揭示，更好得到保护、利用，2005 年国图社与华东师范大学图书馆合作出版了《华东师范大学图书馆藏稀见方志丛刊》。并以此为契机，国图社开始策划编辑出版“著名图书馆藏稀见方志丛刊”系列，并在 2006 年被列为“十一五”国家重点图书出版规划项目。该系列丛书，将各个重要藏书机构所藏稀见方志汇为一编，选编原则是以收藏单位在三、四家（含四家）以内的、编纂出版时间在 1949 年以前的省、府、州、厅、县志的刻本、稿本和抄本，包括价值较高的乡土志。

这一系列已经出版 26 部，收录了上海图书馆、南京图书馆、北京大学图书馆、华东师范大学图书馆、复旦大学图书馆等著名馆藏稀见方志计 1400 多种，成书 1600 册。2017 年底还出版了《天一阁藏历代方志汇刊》，成书 850 册。

值得一提的是，2013 年出版的《原国立北平图书馆甲库善本丛书》中收录民国时期国立北平图书馆（国家图书馆前身）的宋元明早期善本专藏 2621 种，其特色之一为明刻方志，近五百种；其二为明刻明人别集，多达七百八十余种，极富学术研究价值。

另外在出版国内馆藏方志的同时，国图社还着手于海外稀见方志的回归与影印出版。此前曾经出版过《日本藏罕见地方志丛刊》及续编，收辑 61 种日本所藏的珍稀方志。2015 年与哈佛燕京图书馆合作《哈佛燕京图书馆藏稀见方志丛刊》，这是该系列的第 23 种，也是首个海外编，收录嘉靖《宣府镇志》、崇祯《历城县志》等稀见方志 30 种。

2. 方志专题资料

方志为研究各地的人物、历史、地理、物产、风俗、自然灾害等提供了大量珍贵的、翔实可信的历史资料。因而被誉为“一邑之实录”“一方之全史”，可谓地方百科全书。国图社从专题文献的角度，选编了《地方志人物传记资料丛刊》（西北卷、东北卷、华北卷、华东卷上编、华东卷下编、西南卷、华南卷）、《地方志灾异资料丛刊》《宋元方志人物传记资料丛刊》《宋元方志经济资料丛刊》《中国地方志民俗资料汇编》《地方志·书目文献丛刊》《中国地方志佛道教文献汇纂》（人物卷、寺观卷、诗文碑刻卷）等专题性丛书。其中，以《地方志人物传记资料丛刊》影响最大，得到了学界广泛好评。这些方志专题资料的出版同时，还编制人名、书名索引以便于读者使用。

3. 地方专志

2007 年国图社还策划出版了“地方专志”系列，地方专志是地方志的一种，为专门志、专题志。该系列也列入“十一五”国家重点图书出版补充规划。2008 年 3 月推出了《地方经籍志丛刊》，收录了 50 余种地方经籍志，多出自谙熟乡邦文献的大家名家之手，其中就有徐世昌《大清畿辅书征》四十一卷、孙诒让《温州经籍志》三十六卷、卢文弨《常郡八邑艺文志》十二卷、项士元《台州经籍志》四十卷、金毓黻《辽海书征》六卷等等。内容所涉古籍 5 万余种，多撰有提要，详细记载每种书之著者籍贯、生卒、官爵及该书之内容、版本、收藏和传承等，可补《中国古籍善本书目》《中国古籍总目》之缺。2011 年出版了《地方金石志汇编》，收录 130 余种地方金石志，为金石学研究者提供第一手的文献资料。

4. 区域方志集成

方志具有鲜明的地域性，国图社根据分省的特点，或单种或汇编影印出版了《四川历代方志集成》（第一、二、三、四辑）以及民国间宋育仁总纂修的《重修四川通志稿》。2015 年出版的东亚同文会《中国省别全志》，以调查报告材料，详录各地风土民俗、水文地貌等，包含大量的地图、照片等，是研究民国史、经济史、社会史、地方史的重要参考。目前，还和黑龙江省方志办合作，出版《黑龙江历代方志集成》，内容已收集齐备，正在编辑。

二、地理类文献出版概况

这方面国图社也非常重视这类文献的整理和出版，尽可能挖掘有关资料逐一加以出版。比如顾颉刚先生的未刊本《春秋地名考》，是顾颉刚先生生前整理、汇集历代研究商周至于秦汉古地名的相关史料而成，所涉地名近千种，举凡与古地名有关的历代注释、论述、笔记数据均逐条细加甄别、搜罗，并加以研究、考订、归纳，解决了古代地名中的不少疑案。其中多种解说难于决定孰是孰非的则一并辑录，归纳其不同之处，有很高的学术价值。再如《重庆图书馆藏刘赞廷藏稿》，刘赞廷号称是清末民国时期康藏边地的一支史笔，他以自己“历边十四年”的经历，纂成图志数十种。除此外，还有《西康建省纪要》《康藏交通择要》《康藏大臣考》《三十年游藏记》等等。他的手稿对西康、西藏地区的风俗、文化和清末民国时期的一些变迁做了翔实记录，至今对康藏地区的了解、研究还有很大启发与帮助。

这一类的文献出版还很多，比如《元和郡县图志》《华阳国志》《海国闻见录》《内府舆地全图》《贵州图经新志》《西藏志》《云南图经志书》《吴中水利通志》《西湖游览志》《大明一统志》《舆地广记》《南岳总胜迹》《西域地名考录》《汉唐地理总志钩沉》《汉唐方志辑佚》《历代郡县地名考》《关中胜迹图志》《寰宇通志》《八旗通志》等。

三、民国时期历史地理类文献

民国时期留下的地方历史文献资料极其丰富，国图社在挖掘历史地理类文献时大致有如下几种情况：

1. 纯粹的史地文献。日本人编撰的《中国省别全志》（全五十册），调查了中国 16 各省的详细情况，内容非常详尽。出版社自己选编的有《民国地政史料汇编》《民国时期地方概况资料汇编》《民国史地期刊汇编》《民国边政史料汇编》等等。

2. 调查资料里的地方文献。比如《东亚同文书院中国调查手稿丛刊》（全二百册）、《民国时期社会调查资料汇编》（三编共一百二十册）、《民国时期经济调查资料汇编》（三编共一百二十册）、《民国时期经济统计资料汇编》《民国时期国情统计资料汇编》《民国人口户籍史料汇编》《民国赈灾史料》《民国时期铁路史料汇编》等等，虽然不以地方命名，但涉及民国时期各地区各项统计数据和资料，尤其是地区地理、物候、特产等各方面资料，对历史地理研究非常有益。

3. 地方文献，如各省公报。《山东省政府公报》（全一〇六册）、《广东省政府公报》（全一百六十册）、《浙江省政府公报》（全一二六册）、

《江西省政府公报》（全一一四册）。还有其他类型的地方文献，如《民国时期浙江省地方议会史料汇编》（全四十册）、《重庆海关总税务司署贸易册》（全十五册）、《豫鄂皖赣四省农村经济调查报告》（全二册）、《民国杭州史料辑刊》（全五册）、《民国浙江史料辑刊·第一辑》（全十册）、《民国浙江史料辑刊·第二辑》（全四十四册）、《民国时期福建华侨史料汇编》（全十五册）、《桂政纪实（1932—1941）》（全三册）、《陕甘宁边区见闻史料汇编》（全三册）。

总的来说，国图社对历史地理类文献大规模的整理出版有着重要价值，不仅令稀见之物化身百千，有利文献的揭示、保护，而且有助于服务学术研究，在学界、图书馆界形成良好的社会反响并得到积极评价，取得了良好的社会效益。诚如北京师范大学陈其泰教授曾评价《北京大学图书馆藏稀见方志丛刊》规模宏大，印制精良，尤其收入了很多早期地方志以及边疆地区如内蒙古、东北、新疆等地志书；北京大学教授李孝聪指出丛刊选目方面规格高、挑选严，开了规范的先例，提出要从与历史衔接的角度重新认识某些稿本、抄本，如边疆方志、乡土志等；国家博物馆图书馆馆长黄燕生结合自身的学术研究经历，指出稀见方志的难得一见，限制了学术研究的进程，因此，珍稀方志的整理出版，是一件功在当代、利在千秋的大事，并指出其史料学、辑佚学、版本学、目录学意义。该系列中《北京大学图书馆藏稀见方志丛刊》《南京图书馆藏稀见方志丛刊》《上海图书馆藏稀见方志丛刊》《陕西省图书馆藏稀见方志丛刊《华东师范大学图书馆藏稀见方志丛刊》《地方经籍志汇编》《地方志灾异资料丛刊》都先后荣获了“全国优秀古籍图书奖”。

基于以上对国图社历史地理类文献出版的情况介绍，下面谈一下关于历史地理类文献整理出版的一点思考。

一、紧紧依靠学术力量，促成学术界、藏书机构和出版机构三方的深度合作。国图社几乎所有的大型历史文献出版项目，都会邀请项目所涉领域最知名的学者参与选题策划、版本选目以及编纂等工作，全面保证项目的学术质量和学术水准。

二、在底本选择方面，尽可能收集珍稀版本，尤其是稿本、抄本、校本，甚至是海内外孤本，最大的提升丛书的文献价值。

以稀见方志丛刊为例，如《南京图书馆藏稀见方志丛刊》收录有孤本方志 52 种，其中时代较早的明代方志有 14 种，如正德刊本《宣府镇志》、嘉靖刊本《登封新志》《定远县志》、万历刊本《宝应县志》《旌德县志》《福州府志》、崇祯刊本《玉田识略》等。稿抄本方志 21 种，如稿本万历

《滑乘补》、道光《直塘里志》、同治《直隶赵州志》《霸州志》《乙亥志稿》、抄本康熙《丹徒县志》、乾隆《平凉府志》、光绪《冠县志》等，都弥足珍贵。有些方志还保留了名人题跋，如崇祯刊本《宁海县志》前有清代丁丙跋，稿本道光《噶玛兰志略》前有罗振玉跋，稿本《河下志》有罗振常跋等。这些方志都具有很高的版本和史料价值。《上海图书馆藏稀见方志丛刊》收录有稀见方志246种，其中成化刊本《金华府志》、弘治刊本《严州府志》《嘉兴府志》、正德刊本《襄阳府志》、嘉靖刊本《湖州府志》《桐庐县志》、崇祯刊本的《松江府志》（五十八卷本和九十四卷本皆存于上图）、清顺治刊本《长兴县志》、康熙刊本《台湾府志》、雍正刊本《归善县志》等都是海内外孤本。

三、尽可能为每种文献撰写提要，进行简明扼要的著录、介绍、评述或考证。整理出版要体现今天的学术成果和学术水平，就有必要对每种书的版本、内容和价值进行考证、梳理。仍以"稀见方志丛刊"系列丛书为例：《南京图书馆藏稀见方志丛刊》中弘治刊本《洪武京城图志》，《联目》未录，实为孤本；又如稿本宣统《吴长元三县合志初编》，《联目》注存8册，实际存83册等。《浙江图书馆藏稀见方志丛刊》中《联目》未著录的有7种，如民国《萧山县志稿》、光绪《宁州旧志稿》、康熙《定海县志》、康熙《西宁县志》等，都是海内珍本。《上海图书馆藏稀见方志丛刊》中的《淞南志》，《联目》著录为14卷，实际为16卷，卷13—16皆为艺文。顺治《含山县志》，方志《联目》作者题为清朱长泰修，凌家瑞等纂，据原书序言及修志姓氏均作"凌嘉瑞"，《中国地方志总目提要》亦误。通过撰写提要，能够达到补阙拾遗、助力研究的作用。

四、国图社从实践中培养和锻炼出一支高水平专业素质的编辑队伍，保证了专业出版的专业基因。拥有中高级职称61人，占全人员近6成，可以说在联系学者、选题策划、编辑校对、排版印刷乃至营销发行等各个环节，国图社都拥有具有很高专业知识和研究能力的人才队伍，从而从根本上保证了出版品质。

以上就是我对国家图书馆出版社历史地理类文献出版探索与实践的一些粗浅的认识，请方家指正。